Edition Paashaas Verlag

EPV

Die im Buch veröffentlichten Ratschläge wurden von der Verfasserin sorgfältig erarbeitet und geprüft. Eine Garantie kann dennoch nicht übernommen werden; ebenso ist eine Haftung der Verfasserin bzw. des Verlages und seiner Beauftragten für Personen-, Sach- und Vermögensschäden ausgeschlossen.

Namen und Begebenheiten in den Geschichten sind frei erfunden. Ähnlichkeiten mit lebenden Personen und tatsächlichen Begebenheiten sind nicht beabsichtigt, sondern rein zufällig.

Krimiparty

Sonderausgabe 14

Der Guru

Autor: Cornelia H.-Müller
Cover-Motive: Pixabay
Cover designed by Michael Frädrich

www.verlag-epv.de
ISBN: 978-3-96174-063-5
April 2020

Die Deutsche Nationalbibliothek verzeichnet diese Publikation in der Deutschen Nationalbibliografie; detaillierte bibliografische Daten sind im Internet über http://dnb.d-nb.de abrufbar.

Inhaltsverzeichnis

Einleitung

Mithilfe dieses Buches können Sie zu Hause gemeinsam mit Ihren Familienmitgliedern und Gästen auf Tätersuche gehen. Sie tauchen ein in einen spannenden Mordfall, ermitteln, befragen und bewerten Tatsachen und Aussagen.

Dabei werden von niemandem schauspielerische Fähigkeiten verlangt. Sie sitzen mit Ihren Mitspielern in gemütlicher Runde beisammen und versuchen gemeinsam, dem Täter auf die Spur zu kommen!

Zu jedem Krimi gibt es eine Geschichte des Verbrechens, die in der Runde vorgelesen wird und darüber informiert, was passiert ist, sowie Rollenbeschreibungen für alle Mitspieler und eine schlüssige Auflösung.

Die Krimis sind so angelegt, dass in einem Raum ermittelt wird. Ob Sie also im Wohnzimmer oder im Freien während eines Grillfestes versuchen, mit Ihren Gästen den Fall zu lösen, spielt keine Rolle.

Das Buch ist mit dem Internet gekoppelt.
Das benötigte Zubehör können Sie ganz einfach herunterladen und ausdrucken. Einladungen, Namensschilder, Kurztexte und Rollentexte finden Sie auf:

http://www.verlag-epv.de im Bereich Downloads unter Krimiparty.

Ihre Zugangsdaten lauten:
Email: krimipartysb14@verlag-epv.de
Passwort: hmueller20

So funktioniert ein Mitspielkrimi!

Erklärungen zur Durchführung

Lesen Sie die Grundgeschichte und die dazu gehörenden Rollen bitte gründlich durch. Überlegen Sie, welcher Mitspieler welche Rolle übernehmen soll. Es ist kein Problem, wenn einmal eine Dame eine Herrenrolle übernimmt oder umgekehrt. Wenn Sie allerdings auch mit ermitteln wollen, ohne zu wissen, wer der Täter ist, vergeben Sie die Rollen blind und lesen Sie keinesfalls die Auflösung durch. Auf diese Weise werden auch Sie als Gastgeber zum "echten" Ermittler.

Haben Sie einen Internet-Anschluss? Dann können Sie unter **www.verlag-epv.de** die einzelnen Rollen für Ihre Gäste herunterladen und ausdrucken. Sollten Sie diese Möglichkeit nicht haben, kopieren Sie sie aus dem Buch.

Die Rollentexte werden erst am Abend selbst an die Mitspieler vergeben. Versenden Sie sie bitte nicht mit der Einladung.

Bereiten Sie Namensschilder mit den Rollennamen für Ihre Gäste vor, diese werden am Spielabend mit einem Klebestreifen oder Klämmerchen für alle sichtbar angeheftet. Auch diese sind im Internet zum Download hinterlegt.

Drucken Sie die Kurzbeschreibung für Ihre Gäste aus; sie erleichtert den Einstieg und hilft, sich die neuen Spiel-Namen zu merken. Wenn möglich, drucken oder fotokopieren Sie für jeden Gast eine Kurzbeschreibung.

Der Spielablauf

Ihre Gäste werden sicher schon sehr gespannt sein, was sie erwartet. Damit Ihr Krimiabend zum Erfolg wird, noch folgende Tipps:

Schaffen Sie eine gemütliche Atmosphäre und vermeiden Sie zu helles Licht. Stellen Sie Kerzen oder kleine Lichter auf; dies schafft den richtigen Rahmen. Legen Sie bitte für jeden Gast Papier und Stift bereit. Notizen zur Geschichte und zu den einzelnen Aussagen der Mitspieler sind wichtige Stützen bei der Ermittlungsarbeit. Halten Sie bitte auch für jeden Gast die ausgedruckte Kurzbeschreibung des Falles bereit.

Haben Sie ein Abendessen für Ihre Gäste vorgesehen?

Dann dekorieren Sie die Kurzbeschreibungen mit auf der Tafel. Sie werden feststellen, dass es bereits beim Lesen dieser Information rege Gespräche und Verdächtigungen gibt. Wenn sich die Gäste untereinander noch nicht kennen, dient die Kurzbeschreibung ganz wunderbar als Eisbrecher.

Wenn Sie ein Menü mit mehreren Gängen servieren, gehen Sie wie folgt vor:

Verteilen Sie vor der Vorspeise die Namensschilder. Jeder Gast weiß nun, wen er heute Abend charakterlichvertritt.

Lesen Sie nach der Vorspeise den ersten Teil der Geschichte vor. Es ist in der Geschichte vermerkt, an welcher Stelle die Lesung unterbrochen werden kann, um den Hauptgang zu genießen.

Auf diese Weise wird Ihr Abend zu einem richtigen Krimidinner.

Nach dem Hauptgang lesen Sie den Rest der Geschichte vor.

Erst danach erhält jeder Gast seine persönliche Rolle, die aus Vorstellungstext und Geheimtext besteht. Diese Texte werden nun von den Mitspielern gründlich und vor allem diskret studiert. Wenn alle Gäste soweit sind und ihre Rolle gelesen haben, beginnt die Vorstellungsrunde. Alle Mitspieler lesen reihum ihren Vorstellungstext vor.

Der geheime Text enthält weitere Informationen und ergänzt die Geschichte; er wird nicht vorgelesen, sondern bietet Hintergrundinformationen, die jede einzelne Person zum Ermitteln benötigt und dann nach eigenem Geschick in die Ermittlungen einbringen kann. Der Mörder erfährt in seinem Geheimtext auch, dass er der Täter ist.

Nach der Vorstellungsrunde beginnen die Ermittlungen; durch Vorstellungs- und Geheimtext ergeben sich viele Fragen, die nun gestellt und beantwortet werden.

Lügen, darauf sollten Sie Ihre Gäste noch einmal hinweisen, darf wirklich nur der Täter. Alle anderen müssen sich nahe an der Wahrheit orientieren.

Wenn die Ermittlungen abgeschlossen sind, verteilen Sie Zettel, wo jeder seinen Namen und seinen Täterverdacht aufschreiben kann. Sammeln Sie die Zettel ein. Danach servieren Sie, wenn es vorgesehen ist, das Dessert.

Zum Abschluss lesen Sie als Gastgeber die Auflösung des Falles vor. Erst jetzt darf sich der Täter zu erkennen geben!

Geben Sie bekannt, wie viele anhand der eingesammelten Zettel den richtigen Täter ermittelt haben – eventuell machen Sie daraus sogar ein kleines Gewinnspiel, indem Sie etwas verlosen.
Beenden Sie den Abend mit der Verlesung des Schlusswortes; dieses sorgt sicher noch einmal für viel Spaß.

Wenn Sie kein Abendessen, sondern nur einen kleinen Snack planen, gehen Sie wie folgt vor:

- Begrüßung der Gäste und Verteilung der Namensschilder und der Kurzbeschreibung
- Verteilung von Papier und Bleistift für Notizen
- Vorlesen der Grundgeschichte
- Verteilen der Rollentexte
- diskretes Studieren der Rollentexte
- Vorstellungsrunde
- Ermittlungen
- Zwischeninformation
- Täterverdacht aufschreiben lassen
- Verlesen der Auflösung
- Bekanntgabe, wer richtig ermittelt hat
- und wenn es vorgesehen ist, Ziehung des Gewinners
- Verlesen des Schlusswortes

Häufig gestellten Fragen zur Durchführung:

Frage: Weiß der Mörder, dass er der Täter ist?
Antwort: Ja, dies steht ausdrücklich im Geheimtext seiner Rolle.

Frage: Dürfen die Gäste schummeln und flunkern?
Antwort: Nur der Mörder darf dies tun. Die anderen sollten sich nahe an der Wahrheit orientieren.

Frage: Ich habe mehr Gäste als Rollen. Was nun?
Antwort: Wir haben in der Geschichte sogenannte Gastrollen vorgesehen. Wenn es heißt: 7-10 Mitspieler, gibt es 7 größere Rollen und 3 kleinere Gastrollen. Die größeren Rollen müssen, die Gastrollen können besetzt werden.

Sollten Sie die doppelte Anzahl Gäste haben, können Sie an 2 Tischen gleichzeitig spielen. Bereiten Sie Rollen und Zubehör zweimal vor, lesen Sie die Geschichte zentral vor und ermitteln Sie danach an 2 Tischen. Sie werden sehen, dass auch dies reibungslos funktioniert. Vermutlich werden die Tische zu ganz unterschiedlichen Ergebnissen kommen; es kommt immer ganz darauf an, wie sich die einzelnen Mitspieler verhalten.

Frage: Müssen alle Gäste ungefähr gleich alt sein?
Antwort: Nein. Wir haben in unseren Testrunden mit Personen jeden Alters in gemischten Gruppen gespielt. Unsere Mitspieler waren von 16 bis 80 Jahre alt, und allen hat es großen Spaß bereitet!

Frage: Muss alles aus dem Vorstellungstext auch vorgetragen werden?
Antwort: Ja, der Text der Vorstellungsrunde ist so angelegt, dass er wichtige Informationen gibt, ohne die die Ermittlungen rasch langweilig werden.

Frage: Meine Frage war hier nicht aufgeführt; ich benötige Hilfe.
Antwort: Wenden Sie sich bitte an glashauskrimi@glashauskrimi.de und schreiben Sie der Autorin eine Mail. Sie wird Ihnen alle anstehenden Fragen zum Gelingen Ihrer privaten Krimiparty gerne beantworten.

Die Einladung

Wenn Sie Ihre Gäste schriftlich einladen wollen, können Sie z. B. diesen Text als Vorlage nutzen. Im Internet finden Sie eine vorbereitete Einladung, die Sie ausdrucken können.

Einladung zur Krimiparty
Tatort: ____________________________

Die Ermittlungen beginnen

am _______

um ______Uhr.

Für das leibliche Wohl ist ebenso gesorgt, wie für spannende Unterhaltung, denn es gibt tatsächlich einen Mord aufzuklären. Klar, dass wir dabei deine/eure Unterstützung benötigen.

Falls ihr eine Lesebrille tragt, vergesst sie bitte nicht, denn ihr erhaltet selbstverständlich Akteneinsicht.

Ich würde mich sehr freuen, wenn du/ ihr komm(s)t. Herzliche Grüße

Antwort bitte per Tel. ______________________

Rollenverteilung, Hinweise zur Durchführung:

Sie finden in diesem Buch:

- Die Grundgeschichte zum Vorlesen
- Auflösung und ein humoriges Nachwort
- Rollentexte für 10 Personen
- Tischflyer für jeden Gast zum Ausdrucken
- Eine Zwischeninformation für Leonie

Der Krimi ist für 7-10 Personen angelegt:

- Bei 10 oder mehr Personen: mit Beobachter(n)
- Bei 9 Personen: mit Kriminalhauptkommissar Schickerl
- Bei 8 Personen: ohne Schickerl; sein Vorstellungstext sollte aber bitte vorgetragen werden
- Bei 7 Personen: ohne Jonas; sein Vorstellungstext sollte aber bitte vorgetragen werden. Sein persönlicher Text kann von Leonhard Eibert mit übernommen werden.

Bitte lesen Sie die Vorstellungstexte in folgender Reihenfolge vor:
Schickerl – Cordula – Jonas – Leonhard – Leonie – ...
(Die restliche Reihenfolge ist egal)

In diesem Stück gibt es eine Zwischeninformation für Leonie Eibert. Bitte geben Sie Leonie diese Information kurz vor Ende der Ermittlungsrunde.

Lesen Sie bitte nach der Auflösung auch das Schlusswort vor; es sorgt für einen runden Abschluss und viel Spaß bei allen Beteiligten.

An einigen Stellen im Buch steht **XXX**. Dort sollten Sie die Geschichte personalisieren, indem Sie da Ihren ganz eigenen Ortsnamen oder das jeweilige Datum Ihres Krimiabends einsetzen.

Tischflyer:
Der Guru

Ein Mitspielkrimi von Cornelia H.-Müller

Bürgermeisterin Cordula Mayer-Stratmann sieht Ungemach auf die Gemeinde XXX zukommen. Eine seltsame Gruppierung blau gewandeter Kuttenträger möchte ausgerechnet hier im Ort ein neues Mitgliederzentrum bauen. Trotz aller Bemühungen Cordulas, dieses zu verhindern, wird das Haus nach kurzer Bauphase eröffnet und der Öffentlichkeit präsentiert.
Eingeladen hierzu hat Rasputin Monti, das Oberhaupt der Sekte. Warum der selbst ernannte Heiler den Termin allerdings verpasst, erfahren Sie in wenigen Augenblicken.

Es spielen mit:
Cordula Mayer-Stratmann – Bürgermeisterin
Johannes Struck – Bauunternehmer/ Ratsmitglied
Josefine Schmidtke – Schneiderin und Hausfrau
Sebastian Obermayer – KFZ-Mechaniker
Leonhard Eibert – Architekt
Leonie Eibert – Studentin
Jonas Meier – Student Maschinenbau
Marietta Steffens – Urlauberin

sowie, an dem einen oder anderen Tisch:
Edwin Schickerl – Kriminalhauptkommissar
und eventuell Beobachter

Hier noch ein Wort zu den Spielregeln:
Alle Mitspieler sollten sich nahe an der Wahrheit orientieren; schwindeln darf nur der Mörder!

Viel Vergnügen und einen Mordsspaß wünscht Ihnen
Cornelia Herbertz-Müller

Die Grundgeschichte zum Vortragen

Das ist passiert:
Es war bereits nach 22:00 Uhr, als Cordula Mayer-Stratmann, Bürgermeisterin des Ortes XXX noch in ihrem Büro im Gemeindeamt saß, um sich auf die nächste Sitzung des Bauausschusses vorzubereiten.

Sie überflog soeben ein Gebot für ein Grundstück der Gemeinde am Ortseingang, als es laut an ihrer Bürotüre klopfte. Noch bevor Sie „HEREIN“ rufen konnte, wurde die Türe geöffnet und ein ihr fremder Mann trat ein.
Cordula nahm die Lesebrille ab und sah ihr Gegenüber erstaunt an.
Der Mann war gute 1,90 m groß und wirkte sehr schlank. Seine in der Mitte gescheitelten Haare reichten ihm, ebenso wie der zottelige weiße Vollbart, fast bis zur Taille. Bekleidet war er mit einem blauen Gewand, das im Bund von einer einfachen, braunen Kordel gehalten wurde. Seine nackten Füße steckten in schwarzen Riemchensandalen.
Der Unbekannte sagte keinen Ton; er stand nur dort und beobachtete Cordula, die nun aufstand und einen Schritt auf ihn zumachte.
„Was kann ich für Sie tun?“
Der Fremde lächelte freundlich.
„Ich hoffe, ich habe dich nicht erschreckt“, sagte er mit warmer und angenehmer Stimme. „Dies lag jedenfalls keinesfalls in meiner Absicht.“
„Die Besuchszeiten sind vorbei“, stellte Cordula unsicher fest. „Wie sind Sie denn hereingekommen? War das Portal nicht abgeschlossen?“
Der Mann kam näher und setzte sich unaufgefordert in einen der für Besucher vorgesehenen Sessel an ihrem Schreibtisch.
„Ich bedaure, nicht zu den Besuchszeiten gekommen zu sein. Ich befand mich zwischen 4: 00 Uhr und 16:00 Uhr in einer tiefen Meditation, die nicht unterbrochen werden konnte. Dafür hast du sicher Verständnis!“
„Ehrlich gesagt, hält sich mein Verständnis in Grenzen. Darf ich fragen, wer Sie sind und was Sie hier im Rathaus um diese Zeit tun?“

„Mein Name ist Rasputin", erklärte der Fremde mit singender Stimme und faltete die Hände über dem Bauch.
Cordula schmunzelte und kurz, ganz kurz war sie versucht mit: „Freut mich, Zarin Alexandra" zu antworten. Dann besann sie sich aber eines Besseren.
„Angenehm, Herr Rasputin", antwortete sie möglichst ernsthaft.
„Ich bin Cordula Mayer-Stratmann, die Bürgermeisterin von XXX! Was also kann ich für Sie tun?"
„Ich weiß, wer du bist", säuselte ihr Gegenüber. „Ich bin gekommen, um diesen Ort und seine Bürger auf ... sagen wir, spirituelle Art zu bereichern!"
„Hören Sie bitte auf, mich zu duzen", erwiderte Cordula streng. „Und für spirituelle Angelegenheiten bin ich nicht zuständig. Vielleicht versuchen Sie es einmal bei ... Sie zögerte einen Moment und überlegte. ...ja, vielleicht bei uns im Pfarrhaus? Der Pfarrer Benedikt, der kann Ihnen sicher weiterhelfen!"

Ihr Gegenüber lächelte.
„Du setzt Spiritualität mit Frömmigkeit gleich; ein viel gemachter Fehler! Aber ich sehe schon, wir müssen uns auf weltlicher Ebene unterhalten!" Sein Ton wurde geschäftlich. „Ich möchte Geld in diesem wunderschönen Ort investieren!"
Cordula wurde hellhörig. Geld konnte XXX immer gebrauchen. Der Kindergarten musste dringend erweitert werden und die Liste der Anträge für Dinge, die aus der Gemeindekasse bezahlt werden sollten, wurde täglich länger.
„Darf ich fragen, an was Sie genau gedacht haben?"
„Ich möchte ein Gemeindezentrum in XXX errichten. Es soll unserer Gemeinschaft, die sich die „Kinder des Mondes" nennt, eine Heimat bieten."
Cordula zog skeptisch eine Augenbraue in die Höhe. „Für die Kinder des Mondes? Was ist denn das?"
„Die Kinder des Mondes sind eine Vereinigung von glücklichen Menschen, die durch meine Hilfe erkannt haben, was das Wesentliche im Leben ist und die an meiner Erleuchtung auf sehr vielfältige Art und Weise teilhaben dürfen."

„Sie sind der Anführer einer Sekte!", stellte die Bürgermeisterin nüchtern fest. Die Ablehnung und Skepsis in ihrer Stimme war unüberhörbar.
„Wie definierst du Sekte?", fragte Rasputin lächelnd und beugte sich vor.
„Es gibt einen Anführer, man schottet sich ab und es gibt Gruppendruck!"

Rasputin lachte entspannt auf. „Da kann ich dich beruhigen; nichts davon trifft auf uns zu. Aber ich bin Bedenken dieser Art gewohnt. Die Menschen, überall auf der Welt, sind voller Vorurteile. Ich bin aber sicher, dich von meinen guten Absichten überzeugen zu können. Deine Zweifel werden sich auflösen, wie der Zucker im Tee oder wie der Rauch der Stäbchen, die mir zu tiefer Weisheit und Meditation verhelfen! Mein Wirken lässt sich nicht in Worte fassen; es muss erlebt und erfahren werden. Ich schaffe einen Raum von Liebe, Geborgenheit und Vertrauen und arbeite geistig mit verschiedenen Bewusstseinsebenen auf unterschiedlichen Schwingungs-Ebenen. Ich berühre dein Menschsein und deine Chakren, befreie und heile die Seele der Menschen, die zur mir kommen."

Cordula hörte ihm scheinbar fasziniert zu, schüttelte dann aber energisch den Kopf. „Tut mir leid, auf diesen Ebenen werden wir uns ganz sicher nicht begegnen! Lassen Sie uns bitte, wie vorgeschlagen, ganz sachlich auf meiner, eben der weltlichen Ebene sprechen. An welche Investitionssumme haben Sie denn gedacht?"
Rasputin lächelte entspannt.
„Nun, ich dachte ganz konkret an 5 bis 6 Millionen Euro für das neue Mitgliederzentrum und natürlich künftig weitere Einnahmen durch den Besucherstrom aus der ganzen Welt zu unserem Zentrum.

----

6 Wochen später
Sebastian Obermayer stand im Verkaufsraum seiner Tankstelle und sortierte die neu eingetroffenen Zeitschriften, als der Postbote Benno Hinterseher hinein kam.

„Morgen, Basti", sagte Benno und zog einen Brief aus seinem Zustellwagen. „Post von der Gemeinde!"
Obermayer blickte erfreut auf.
„Endlich! Das ist der Zuschlag für das Grundstück am Ortsausgang! Ich werde eine Selbstwaschanlage und eine Werkstatt bauen! Erste Bauzeichnungen und Pläne hab ich dem Leonhard Eibert schon in Auftrag gegeben, wir haben nur noch auf diesen Brief gewartet. Jetzt können die Baumaschine kommen."
Eilig nahm er den Briefumschlag entgegen und riss ihn auf.
„Da hast du dir aber was vorgenommen", sagte Benno bewundernd und nahm sich ein Mineralwasser aus dem Kühlschrank. „Und das noch in deinem Alter. Respekt! Aber du hast ja auch 8 Kinder und eine Frau zu versorgen! Da muss der Rubel rollen!"
Sebastian antwortete nicht; er war in seinen Brief vertieft. Dann wurde er blass und setzte sich auf den Hocker hinter dem Kassentresen.
Besorgt trat Benno näher. „Mensch, Basti, ist dir nicht gut?"
Obermayer ließ den Brief sinken und sah fassungslos auf.
„Der Gemeinderat hat den Zuschlag für das Grundstück jemand anderem gegeben. Dabei hat mir der Johannes hoch und heilig versprochen, sofort Bescheid zu geben, wenn noch jemand mitbietet. Ich verstehe das nicht!"
„Der Johannes Struck?"
Sebastian nickte. „Ja, ich hab völlig auf dieses Grundstück gesetzt. Und ich habe auch schon viel Geld in die Planung investiert. Hier das Grundstück von meiner Tanke hab ich schon vor Monaten an die Gemeinde verkauft. Die wollen ja den Kindergarten erweitern und konnten es gut gebrauchen. Im Gegenzug – so war es intern besprochen – sollte ich den Zuschlag für das andere Gelände bekommen. Es war doch weit und breit kein anderer Bieter in Sicht!"
„Sauerei", stellt Benno betroffen fest. „Mit wem hast du das denn verhandelt?"
Sebastian winkte ab. „Verhandelt ... verhandelt hab ich das offiziell natürlich nicht. Sowas regelt man am Stammtisch! Und an diese Vereinbarungen hält man sich. Wo kommen wir denn da hin, wenn ein

Wort nicht mehr gilt?"
Er schlug heftig mit der Hand auf den Tresen.
„Aber das lass ich mir nicht einfach so gefallen, da können sich die im Rathaus auf was gefasst machen!"

„Wenn du meinst, dann mach das", sagte Benno skeptisch und kratzte sich am Hinterkopf. „Ja, mach das. Aber ehrlich gesagt, ich glaub ja nicht, dass das jetzt noch was bringt. Wenn das Grundstück weg ist, ist es weg ... und wenn da ein anderer Investor mehr geboten hat ... XXX braucht bekanntlich ja jeden Pfennig!"

Josefine Schmidtke saß im Wartezimmer des Notars Winterhoff in XXX, als sich die Türe öffnete und Rasputin Monti eintrat. Sie erkannte ihn sofort. Der Mann war in der Stadt inzwischen bekannt wie ein bunter Hund. Er und seine Anhänger hatten sich vor Monaten in einem großen, angemieteten Haus niedergelassen und planten auf einem von der Gemeinschaft erworbenen Grundstück am Ortsausgang den Bau eines neues Mitgliederzentrums.
Die Gemeindemitglieder waren geteilt in ihrer Ansicht über den selbst ernannten Heiler und Anführer der Gruppe und seine, stets in blaue Kutten gekleidete Mitglieder. Die einen sahen in den Kindern des Mondes harmlose Spinner, die anderen eine gefährliche, undurchsichtige Sekte.
Josefine selbst hatte sich noch kein Bild gemacht; sie war bisher nicht mit diesen Leuten in Berührung gekommen.
Rasputin Monti setzte sich und sah Josefine freundlich an.
„Frau Schmidtke, nehme ich an?", sagte er mit betont warmer Stimme.
Josefine sah ihn erstaunt an. „Ja ... Woher wissen Sie? Ich meine, kennen wir uns?"
Bevor Rasputin antworten konnte, kam die Notargehilfin ins Wartezimmer. „Testamentseröffnung Elfriede Müller!", sagte die junge Frau lächelnd. „Würden Sie bitte mitkommen?"
Josefine stand auf und zu ihrer Verwunderung folgte auch Rasputin Monti dem Aufruf.

Sie blieb kurz stehen und sah Monti an. „Elfriede Müller war meine Mutter! Sie kommen sicher wegen einer anderen Sache?"
Rasputin lächelte gütig. „Nein, liebe Schwester", säuselte er. „Ich komme wegen genau dieses Testaments!"

Meldung Lokalnachrichten XXX:
Anschlag auf PKW
In der Nacht zum Sonntag wurden in der Gemeinde XXX die Reifen eines VW-Busses zerstochen. Der oder die Täter entkamen unerkannt. Der beschädigte Kleinbus gehört Rasputin Monti. Herr Monti hat sich mit einer Gruppe Anhänger in einem Haus der Stadt niedergelassen. Ob ein Zusammenhang zwischen dem Anschlag und dem geplanten Neubau eines Mitgliederzentrums der Gruppe besteht, ist nicht bekannt. Hinweise zur Tat nimmt jede Polizeidienststelle entgegen.

Cordula stand wutentbrannt auf dem Flur des Gemeindeamtes und fluchte laut vor sich hin. Mit knapper Mehrheit war im Gemeinderat soeben beschlossen worden, dem Bauantrag von Rasputin Monti stattzugeben. Ihr Ratskollege Johannes Struck trat aus dem Sitzungssaal und nickte ihr zufrieden zu.
„Bist du eigentlich völlig deppert, Johannes?", fauchte ihn Cordula an. „Wie konntest du nur für dieses Bauvorhaben stimmen? Möchtest du wirklich eine Sekte im Ort ansässig haben?"
Johannes winkte ab.
„Reg dich ab. Das Projekt bringt eine Menge Geld nach XXX, das Konzept ist schlüssig und es ist durch nichts bewiesen, dass von dieser Gruppierung irgendeine Gefahr ausgeht! Es sind harmlose Spinner!"
„Das ist eine Sekte!", empörte sich die Bürgermeisterin.
„Ich halte es da mit dem alten Fritz!", erklärte Johannes. „Es soll jeder nach seiner Façon glücklich werden!"
„Und du möchtest durch Bauaufträge für dein Geschäft noch ein bisschen glücklicher werden, oder?" Provozierend sah Cordula ihren Ratskollegen an.

Dessen Gesichtsausdruck verhärtete sich: „Das ist eine unverschämte Unterstellung. So ein Bau bringt für die Handwerker der Region Arbeit! Und das kann ja wohl nur im Sinne der Bürgermeisterin sein! Außerdem, das kannst du mir glauben, gibt es noch andere, wichtige Gründe, die ich dir, weil ich im Wort stehe, leider nicht mitteilen kann."
Mit diesen Worten drehte er sich um und ging zum Ausgang.

Leonie Eibert stand in ihrem Zimmer und packte ein paar Sachen zusammen, als ihr Vater, der Architekt Leonhard Eibert, den Raum betrat. Still betrachtete er eine Weile das Tun seiner Tochter.
„Bist du ganz sicher, dass du das machen willst?", fragte er dann.
Leonie nickte. „Ja, ich habe es mir genau überlegt!"
Leonhard schüttelte den Kopf. „Du weißt, was ich davon halte!"
Leonie hielt kurz inne. „Ja, aber du hast mir doch beigebracht, dass ich immer mein Ding machen und meinen Weg gehen soll, oder?"
Leonhard nickte.
„Ja, aber das du eines Tages in das Haus einer Sekte ziehen würdest, habe ich dabei nicht bedacht! Ich ... ich frage dich nochmal ..."
„Papa, lass es einfach!", unterbrach Leonie ihren Vater ungeduldig. Sie schloss ihre Reisetasche und schulterte sie. „Ich muss los! Kannst du Jonas diesen Brief geben?" Sie hielt ihm einen weißen Briefumschlag hin.
„Jonas weiß noch nichts?" Verwundert blickte Leonhard auf.
„Nein, er würde es auch nicht verstehen!", erklärte Leonie und wandte sich zur Türe. „Ruf mich nicht an, ja? Ich melde mich, wenn ich soweit bin!"

Lieber Jonas,
unser gemeinsamer Besuch bei den Kindern des Mondes hat mich aufgeweckt. Ich habe mich entschlossen, für einige Zeit im Haus von Rasputin Monti zu leben. Bitte nehme keinen Kontakt zu mir auf; ich melde mich bei dir. Leonie.

Ungläubig blickte Jonas Meier auf den Brief. „Und den sollten Sie mir geben? Ich meine, hat sie denn sonst gar nichts gesagt?"
Leonhard Eibert schüttelte den Kopf. „Du kennst Leonie doch ... sie ... sie muss eben ab und zu mal was Neues ausprobieren!"
„Und Sie wollen nichts unternehmen und haben Sie einfach in diese Sekte gehen lassen?" Jonas war fassungslos.
„Was soll ich denn unternehmen? Sie ist 23 und sie muss wissen, was sie tut!"
„Ich fasse es nicht!"
Jonas drehte sich auf dem Absatz herum und verließ das Haus. Er hatte schon viel mit Leonie erlebt, aber das hier, das war wirklich die Krönung.

Rasputin Monti parkte seinen VW-Bus vor dem gemieteten Haus am Ortsrand und stieg aus. Es war spät geworden, viel später als geplant. Andererseits hatte sich der Besuch bei der alten Dame wirklich gelohnt. Die Überweisung der ersten 80.000 Euro war per Online-Banking noch in seinem Beisein erfolgt; weitere Summen waren zugesagt. Zufrieden lächelte er vor sich hin, als er in der Dunkelheit zum Haus schritt. Die beiden Angreifer kamen fast geräuschlos aus einem Gebüsch im Vorgarten und sprangen ohne Vorwarnung auf ihn zu. Der erste Kinnhaken saß. Monti taumelte und ging gleich zu Boden. Bevor er nachdenken oder um Hilfe rufen konnte, wurde er wieder an seinem Gewand hochgezogen und gegen die Hauswand gedrückt. Es folgte ein kräftiger Tritt gegen das Schienbein.
„Das reicht", wisperte einer der Angreifer. „Komm, wir hauen ab!"
„Lass dir das eine Warnung sein", zischte der zweite Mann unter seiner Maske. „Mach dich dünne! Sonst kommen wir wieder!"
Dann ließ er von seinem Opfer ab und folgte dem anderen Täter, der bereits ein Stück fortgelaufen war. Keuchend verschwanden die beiden in der Dunkelheit.
Auf der gegenüberliegenden Straßenseite startete ein Wagen und fuhr davon.

Marietta Steffens erwachte langsam und öffnete stöhnend die Augen. Sie fror erbärmlich und fühlte Dreck und Schmutz in ihrem Mund. Der nackte Boden, auf dem sie lag, war hart und kalt. Mühsam und zitternd vor Kälte setzte sie sich auf und blickte sich um. Die Sonne schien, es musste Tag sein und sie befand sich offensichtlich in einem Abrisshaus. Die Wände waren kahl und die Fenster herausgerissen.
Marietta versuchte sich zu erinnern, was geschehen war, aber es gelang ihr nicht auf Anhieb! Noch stark benommen stand sie auf und wankte zu einem der glaslosen Fenster.
Ihre Augen benötigten einen Moment, um sich an das helle Licht zu gewöhnen, aber dann sah sie die Menschen, die mit gelben Helmen bekleidet, auf dem Gelände zwei Etagen unter ihr arbeiteten. Und plötzlich begriff Marietta, wo sie war. Es war Sonntagmorgen und um 11:00 Uhr, das hatte sie der Lokalpresse entnommen, wurde das alte Tankstellengebäude von Sebastian Obermayer mittels einer Sprengung in Schutt und Asche gelegt.

Lokalnachrichten XXX:
Trotz erhöhter Aufmerksamkeit der Polizei gab es erneut einen Anschlag gegen die Gruppe rund um den Heiler Rasputin Monti. Das Wohnhaus der Gemeinschaft wurde in der Nacht mit rotem Lack verschmutzt. Die Polizei bittet eventuelle Zeugen, sich zu melden. Die Gruppe wird in Kürze das neue Mitgliederzentrum beziehen. Es wurde trotz teilweise massivem Widerstandes in der Bevölkerung in einjähriger Bauzeit errichtet. Architekt des Gebäudes ist Leonhard Eibert. Die Einweihung am XXX ist öffentlich.

Das neue Mitgliederzentrum öffnete pünktlich um 19:30 Uhr die Pforten für interessierte Bürger. Auf Flyern und Plakaten hatte die Gruppe in den letzten Tagen „Zur Stillen Nacht“ eingeladen und tatsächlich waren viele Bürger gekommen, um sich selbst ein Bild vom neuen Zentrum zu machen.

Die Besucher gelangten zunächst in eine großzügige Halle, von

welcher drei weitere Türen abgingen. Eine dieser Türen führte ins Innere des Zentrums.
Darauf prange ein Schild mit der Aufschrift: *Privat! Betreten nur für Hausbewohner!*

Eine zweite Türe führte in die Toilettenanlage und die dritte Türe schließlich führte die Besucher des heutigen Abends in den so genannten Chakrenraum.
Der Chakrenraum maß gute 10 x 10 m, war komplett in Dunkelblau gehalten und wurde nur durch vereinzelte Lampen in Halbmondform an den Wänden dezent beleuchtet.
An der Decke des Saals zogen, durch einen Beamer hinaufprojiziert, friedlich große Wolken in einen grandiosen rot-blauen Abendhimmel. Untermalt wurde das Ganze von buddhistisch-meditativer Musik. Durch ein ausgeklügeltes Belüftungssystem drang der beinahe aufdringliche Geruch von Lavendel in den Raum, was bei einigen Besuchern bereits nach kurzer Zeit zu starkem Kopfweh führte. Auf kleinen Tischen stand in winzigen Gläsern schwarzer, lauwarmer Tee bereit, der regelmäßig von den in blaue Kutten gekleidete Bewohnern des Hauses nachgefüllt wurde. Fragen wurden von den „Kindern des Mondes“ nicht beantwortet. Sprach man sie an, legten sie stumm den Zeigefinger auf den Mund und verwiesen auf ein Plakat in der Mitte des Raumes:
Wir begehen die STILLE NACHT, stand dort in großen Lettern zu lesen – und anscheinend bedeutete dies, dass man nicht miteinander kommunizieren sollte.

Auf mehreren Tafeln, die im Raum aufgestellt worden waren, behauptete Monti, durch Meditation und Handauflegen verschiedene Krankheiten heilen zu können. Als Beweis für diese Taten dienten Fotos von angeblich Geheilten, die auf den Bildern allesamt glücklich und dankbar zum Heiler aufblickten. Des Weiteren schilderten die Tafeln ausführlich die ebenfalls guten und fast selbstlosen Taten an Alten und Bedürftigen und man warb für die wöchentlich stattfindenden Informationsabende, die die völlige Erleuchtung versprachen. Damit die „Kinder des Mondes“ auch weiterhin segensreich tätig sein konnten, wurde um Spenden geworben. Und manch einer zückte, überwältigt vom esoterischen Ambiente oder auch benebelt vom starken Lavendel, seine Geldbörse und warf Münzen oder gar Scheine in die aufgestellten Sammelbüchsen.

Der angebliche Heiler selbst stand gegen 20:00 Uhr in seinem Meditationsraum tief im Inneren des Gebäudes und schien in Gedanken versunken, als Leonie Eibert, ebenfalls mit einer blauen Kutte bekleidet, den Raum betrat.
„Meister, wir sind soweit!", erklärte Leonie. „Ihr solltet jetzt kommen und die Eröffnungsrede halten!"
„Sind schon viele Besucher da?", fragte Rasputin und legte sich die Kordel um die Taille.
„Es sind gut 80 Personen. Sie warten auf ein paar erleuchtende Worte zur Eröffnung von Euch! Wenn wir noch länger warten, werden die ersten schon wieder gehen, bevor sie Euch, großer Meister, gehört haben."
„Der Mensch hat das Warten verlernt, darin liegt das Grundübel unserer Zeit", erklärte Monti. „Ich komme, wenn ich soweit bin und du darfst dich wieder zurückziehen." Mit diesen Worten setzte er sich im Yogasitz auf einen blauen Teppich und schloss die Augen.

An dieser Stelle können Sie unterbrechen und bei Bedarf den Hauptgang servieren. Danach fahren Sie mit dem Text fort!

Leonie verneigte sich kurz und lief rasch durch die Gänge des Zentrums zurück. Nach genau 7 Minuten erreichte sie den gut gefüllten Chakrensaal wieder, stellte sich hinter einen Pfeiler und beobachtete aufmerksam die Gäste.
Nach kurzem Suchen entdeckte sie ihren Vater Leonhard; er stand, in ein Gespräch vertieft bei Cordula Mayer-Stratmann und Johannes Struck.
Ihr Blick wanderte weiter. Jonas Meier nahm sich gerade ein Glas Tee von einem Silbertablett; er schien etwas Ernstes mit Sebastian Obermayer zu besprechen, die beiden diskutierten aufgebracht. Jetzt gesellte sich die Schneiderin Josefine Schmidtke zu ihnen.

Johannes Struck löste sich kurz darauf von seinen Gesprächspartnern und ging zu einer Frau, die mit dem Rücken zu Leonie stand. Die Frau verweilte vor einer der Infotafeln und las. Johannes sprach sie an und sie begrüßte ihn zunächst sichtlich überrascht. Als die beiden von der Tafel fortgingen und Leonie kurz das Gesicht der Frau erkennen konnte, erstarrte sie; es handelte sich um Marietta Steffens. Ob Rasputin wusste, dass ausgerechnet sie unter den Gästen war?

Um 21:17 Uhr ging ein Notruf bei der Polizei ein. Gemeldet wurde ein Todesfall im neuen Gemeindezentrum der „Kinder des Mondes".

Bei Eintreffen von Kriminalhauptkommissar Edwin Schickerl lag Rasputin Monti tot in seinem Meditationszimmer.

Vorstellungstext: Edwin Schickerl, Polizei XXX

Eine erste Untersuchung ergab, dass der Herr Monti gegen 21:00 Uhr durch einen aufgesetzten Schuss in seinen mageren Bauch den Tod fand. Täter und Opfer müssen also im Moment der Schussabgabe sehr nahe beieinander gestanden haben. Die Tatwaffe lag gleich neben ihm; Fingerspuren waren darauf nicht feststellbar, sie wurde offensichtlich abgewischt.

Im Vorraum der Toilettenanlage des Hauses wurde eines der blauen Kutten-Gewänder, die die Hausbewohner ja allesamt tragen, gefunden. Es waren Blutflecken darauf. Das Blut wird noch untersucht werden; ich gehe zurzeit aber davon aus, dass es das Blut vom Opfer ist.

Diese Kutten, auch das habe ich recherchiert, haben eine Einheitsgröße. Sie werden nur übergezogen; also über die normale Kleidung halt. Wie ein Sack mit Loch für den Kopf und einem Seil als Gürtel. Diese Einheitsgröße passt dann irgendwie jedem. Wir können also anhand der Größe nicht ableiten, wer diese Kutte getragen haben könnte.

Die Waffe, auch das wissen wir inzwischen, gehörte dem Opfer selbst; Herr Monti besaß einen Waffenschein.

Wir haben zudem die Personalien einiger der Hausbewohner, also der Anhänger dieses Herrn Monti, feststellen können. Es handelt sich fast ausnahmslos um Typen, die schon einiges auf dem Kerbholz haben. Manche wurden sogar mit Haftbefehl gesucht, die haben wir gleich festgesetzt. Fast ausnahmslos bedeutet: Alle, außer der Leonie Eibert. Sie ist die einzige Bewohnerin hier im Haus, die nicht vorbestraft ist.

Die „Kinder des Mondes“ befanden sich zur Tatzeit, soweit ich es im Moment überblicken kann, im Chakrenraum. Dies hat eine erste Befragung ergeben. Sie warteten nach übereinstimmender Aussage alle auf ihren großen Meister und seine Ansprache. Wir glauben also, dass der Täter nicht unter den Mondkindern zu suchen ist.

Was schließen wir daraus? Richtig! Der Mörder muss unter Ihnen sein! Ich bitte Sie daher alle, kurz zu erklären, wer Sie sind, was Sie mit der Sache hier zu tun haben und ob Sie etwas zur Aufklärung beitragen können. Vielen Dank.

Hinweise Edwin Schickerl

Weitere Informationen für dich! Du darfst von all diesem Wissen in der Ermittlungsrunde Gebrauch machen. Wenn du etwas gefragt wirst, solltest du die Wahrheit sagen, denn du bist nicht der Täter und hast nichts zu befürchten!

Pass gut auf, was die einzelnen Leute hier heute aussagen. So manch einer hatte ein Motiv! Mach dir also Notizen, trage die Ergebnisse später zusammen und versuche, etwas Licht in diesen dunklen Fall zu bringen.

Bedenke: Die meisten Morde werden aus Liebe, Eifersucht, Gier, Wut, Notwehr oder Verzweiflung begangen. Welches Motiv wird hier zutreffen? Gemeinsam, da bin ich sicher, werdet ihr es herausfinden.

Versuche herauszufinden:
- Wer hat die Reifen des Wagens von Monti zerstochen?
- Wer hat ihn zusammengeschlagen?
- Wer hat das Haus mit rotem Lack verunreinigt? Es waren 6 Farbbeutel, die ans Haus geworfen wurden.
- Wer wurde von Monti finanziell geschädigt?

Erstelle eine Liste mit Namen der Verdächtigen und überlege dann mit den anderen gemeinsam, wer ein Motiv und wer die Gelegenheit hatte, die Tat zu begehen.

Außerdem wäre zu klären:
Hat sich Johannes Struck „kaufen“ lassen von Monti? Dann wäre er wegen Bestechlichkeit zu belangen. Gehe auch diesem Verdacht auf den Grund.

Zum Schluss der Ermittlungen schreibt jeder auf, wen er für den Täter hält – wir lösen den Fall später gemeinsam auf.

Vorstellungstext: Cordula Mayer-Stratmann, Bürgermeisterin

Ich war ja strikt gegen die Baugenehmigung dieses Mitgliederzentrums und habe seinerzeit, vor der entscheidenden Sitzung, versucht, Informationen über diesen Rasputin Monti zu sammeln. Was ich erfahren konnte ist, dass er in Sankt Petersburg in Russland geboren wurde und auch dort gelebt hat, bis er sich ausgerechnet in unser Dorf aufgemacht hat.

Übrigens hieß der Mann wirklich und tatsächlich Rasputin Monti. Ich wollte das zunächst kaum glauben und habe angenommen, dies sei eine Art Künstlername, um seine angeblichen Wunder besser verkaufen zu können. Aber nein, er wurde so in seinem Personalausweis geführt. Seine Mutter war aus Russland; sie entstammt einer Familie, die im Jussupow-Palast gearbeitet hat. Dies ist das Haus, in dem der richtige Grigori Jefimowitsch Rasputin damals seinen Mördern in die Hände gefallen ist. Alleine das verschaffte ihm natürlich eine gewisse Aura bei Menschen, die für fantastische Geschichten empfänglich sind. Der Nachname Monti stammt von seinem Vater, einem Italiener.

Ich selbst bin heute Abend direkt gegen 19:30 Uhr gekommen, gemeinsam mit Johannes Struck übrigens. Wir haben uns umgesehen und natürlich alle darauf gewartet, dass der Herr des Hauses kommt und ein paar Worte spricht. Aber nichts dergleichen geschah. Ich habe schließlich Leonie Eibert, dieses arme, offensichtlich völlig verwirrte Kind, darauf angesprochen. Sie sagte mir, ich solle lernen, mich in Geduld zu üben! Da verschlägt es einem doch wirklich die Sprache!

Ich war es schließlich leid, weiter zu warten und diesen lauwarmen, scheußlichen Tee zu trinken und wollte nach Hause gehen.

Da stand plötzlich der Edwin Schickerl im Raum und erklärte uns, der Gastgeber sei tot. Es gab einen ziemlichen Aufruhr unter den immer noch sehr zahlreich vorhandenen Besuchern, aber der Herr Schickerl und seine Kollegen hatte die Lage, wie sie alle ja selbst erlebt haben, schnell unter Kontrolle.

Nach wie vor interessiert mich, wie der Herr Monti seinerzeit ins Rathaus gelangt ist. Die Türen waren verschlossen und einen Schlüssel wird er ja wohl kaum gehabt haben.

Hinweise Cordula Mayer-Stratmann

Weitere Informationen für dich! Du darfst von all diesem Wissen in der Ermittlungsrunde Gebrauch machen. Wenn du etwas gefragt wirst, solltest du die Wahrheit sagen, denn du bist nicht der Täter und hast nichts zu befürchten.

Deine Mutter hat den „Kindern des Mondes“ 80.000,00 Euro überwiesen. Sie hat angekündigt, Monti auch weiterhin finanziell zu unterstützen. Du fürchtest, dass sie der Sekte völlig verfallen ist und es dir irgendwann ebenso geht wie Josefine Schmidtke. Juristisch kannst du nichts ausrichten; deine Mutter ist ein freier Mensch und kann mit ihrem Geld tun, was sie möchte.

Zum Grundstück und dem Zuschlag:
Sebastian Obermayer hat der Gemeinde das alte Tankstellengelände für 170.000,00 Euro überlassen; dies war ein sehr günstiger Preis. Die Gemeinde hat sich im Gegenzug verpflichtet, den Abriss zu übernehmen. Dies war durch Sprengung der günstigste Weg. Sebastian hat erwartet, für den Neubau einer Kfz-Werkstatt den Zuschlag für das Gewerbegrundstück am Ortsausgang zu bekommen. Hier musste er sich aber an das geheime Bieterverfahren halten. Das heißt, jeder Interessierte gibt ein Gebot ab. Das höchste Gebot bekommt den Zuschlag.
Das Gebot von Obermayer lag bei 120.000,00 Euro, Monti hat 121.000,00 Euro geboten.
Die Gemeinde hatte keine Wahl und Monti bekam das Grundstück. Allerdings wolltest du die Baugenehmigung für die Sekte verweigern; hier wurdest du aber im Gemeinderat überstimmt.

Johannes Struck hat dir vertraulich eine unglaubliche Begründung für seine Zustimmung zur Baugenehmigung geliefert. Er behauptet, einen Spezi im Innenministerium in Berlin zu haben. Dieser Spezi habe ihm vertraulich gesteckt, dass eure Stadt für ein Flüchtlingsankerzentrum vorgesehen sei. Man war an genau diesem Grundstück, welches Monti für das Mitgliederzentrum erworben hatte, interessiert. Der Bund zahlt viel Geld für diese Grundstücke. Johannes Bedenken:

Wenn Monti nicht bauen darf, verkauft er an den Bund und es entsteht das Ankerzentrum. Erzähle den anderen davon.

Johannes Struck hat ein Baugeschäft. Du weißt, dass er vor einiger Zeit, nach Erteilung der Baugenehmigung an Rasputin Monti, zusätzliche Baumaschinen gekauft hat. Er hat aber keine Bauaufträge für das Gemeindezentrum erhalten. Wenn er auf diese Aufträge spekuliert hat, müsste er stinksauer auf Monti sein.
Sprich ihn darauf an und frage ihn, wie viel Geld er für die Maschinen ausgegeben hat. Es ist das Gerücht im Umlauf, dass Struck kurz vor der Insolvenz steht.

Johannes Struck gehört die Villa, die Monti zwischenzeitlich gemietet hatte. Berichte den anderen davon.

Zu Leonhard Eibert:
Leonhard Eibert hat das Zentrum als Architekt geplant. Vor Wochen hat er dir berichtet, dass Rasputin Monti bisher nur eine kleine Anzahlung geleistet hat. Die großen Rechnungen stehen alle noch offen.
Frage ihn, wie viel Geld der Guru ihm noch schuldet.

Zum Schluss der Ermittlungen schreibt jeder auf, wen er für den Täter hält – wir lösen den Fall später gemeinsam auf.

Vorstellungstext:
Jonas Meier, Student Maschinenbau

Als Leonie damals einfach in diesem Haus der „Kinder des Mondes“ verschwand, war das schon wirklich ein Hammer! Typisch Leonie eben. Wir sind zusammen gewesen, seit der 10. Klasse und ich habe schon viel mit ihr erlebt. Wenn sie eine Idee hat, ist sie nicht zu bremsen.
Aber Leonie, du hast es diesmal zu weit getrieben! Sich Monate nicht zu melden, sorry, das ist für mich unakzeptabel.

Ich habe jetzt eine neue Freundin und bin mit Marie, der Tochter vom Obermayer Sebastian zusammen.

Diese Anhänger, das sind doch alles weltfremde Träumer. Die sehen doch alle so aus, als hätten sie schon 100 Jahre Knast hinter sich. Wenn man sie in der Stadt mal gesehen hat, sind sie vorbeigehuscht, immer den Kopf nach unten. So, als wollten sie keinesfalls angesprochen werden.

Echt Leonie, ich kann überhaupt nicht begreifen, was du bei diesen Leuten zu suchen hast!

Hinweise Jonas Meier

Weitere Informationen für dich! Du darfst von all diesem Wissen in der Ermittlungsrunde Gebrauch machen. Wenn du etwas gefragt wirst, solltest du die Wahrheit sagen, denn du bist nicht der Täter und hast nichts zu befürchten.

Du hast mit Sebastian Obermayer vor Wochen Rasputin Monti verprügelt. Ihr habt das spontan verabredet und durchgezogen, so, wie in der Vorgeschichte gehört.

Du hast die Schneiderin Josefine Schmidtke vor einiger Zeit beauftragt, ein blaues Gewand (so eine Kutte) zu nähen, wie es die „Kinder des Mondes" tragen. Sie hat dir dieses Gewand heute Abend übergeben. Dein ursprünglicher Plan war, ins Innere des Zentrums zu gelangen und Leonie „zu befreien". Da du aber inzwischen mit Marie zusammen bist, hattest du diesen Plan längst aufgegeben. Du hast das Gewand daher heute Abend noch angenommen, es dann aber gleich nach der Eröffnung des Abends in den Papierkorb im Vorraum der Toilettenräume geworfen. Das kannst du gleich, wenn du darauf angesprochen wirst, ruhig auch so erzählen. Jeder, der die Toilettenanlage aufgesucht hat, hättet es finden und nehmen können.

Das Gewand war sauber; es war kein Blut darauf, als du es hineingelegt hast. Irgendjemand muss also das Gewand genommen, die Tat begangen und es danach wieder in den Papierkorb gelegt haben.

Johannes Struck ist dir um kurz vor 21:00 Uhr auf der Toilette begegnet. Du hast auf die Uhr gesehen, weil du eine Taxe bestellt hattest, die dich um 21:30 Uhr am Zentrum abholen sollte.

Zum Schluss der Ermittlungen schreibt jeder auf, wen er für den Täter hält – wir lösen den Fall später gemeinsam auf.

Vorstellungstext: Leonhard Eibert, Architekt

Es hat mir natürlich nicht gefallen, als Leonie ins Haus dieser Sekte gezogen ist. Aber ich vertraue meiner Tochter voll und ganz und weiß, dass Leonie einen genauen Plan vom Leben hat. Insofern hielt sich meine Besorgnis in Grenzen. Sie wird Ihnen sicher gleich selbst etwas dazu sagen.

Nun zum Zentrum hier:
Ich habe dieses Haus nach den Wünschen von Herrn Monti geplant. Natürlich habe ich alle Ausschreibungen an Firmen aus der Region geschickt und entsprechende Angebote eingeholt. Die Auftragsvergabe aber lag in diesem Fall bei den Bauherren. Dies hatte sich Herr Monti ausdrücklich vorbehalten.
Ich war dann sehr erstaunt, dass er keinen einzigen hier beheimateten Handwerker, ja, noch nicht einmal deutsche Firmen, beauftragt hat. Es kamen fast nur Bautrupps von auswärts. Ich habe die Bauaufsicht wegen großer sprachlicher und fachlicher Probleme nach 2 Monaten abgegeben. Eine ordentliche Zusammenarbeit war einfach nicht möglich.
Was ich aber sicher sagen kann ist, dass die Privaträume des Herrn Monti nicht so einfach zu finden sind. Das Haus ist auf seinen Wunsch hin so konzipiert und geplant worden, dass seine Räume doch relativ versteckt liegen. Der Täter muss sich daher schon recht gut ausgekannt haben.
Ich vermute einmal, es war einer dieser Kriminellen, die sich hier mit der Tarnung einer blauen Kutte vor dem realen Leben versteckt haben.
Wie sagte Herr Schickerl eben: Es waren einige Personen dabei, die sogar per Haftbefehl gesucht worden. Und diese Leute kannten sich sicher auch gut im Haus aus. Und wie soll man sicher sagen, dass sich ausnahmslos alle Sektenmitglieder zur Tatzeit im Chakrenraum aufgehalten haben?

Hinweise Leonhard Eibert

Weitere Informationen für dich! Du darfst von all diesem Wissen in der Ermittlungsrunde Gebrauch machen. Wenn du etwas gefragt wirst, solltest du die Wahrheit sagen, denn du bist nicht der Täter und hast nichts zu befürchten.

Leonie studiert Publizistik. Sie ist in dieses Sektenhaus gegangen, um zu recherchieren. Niemand außer dir wusste davon. Heute, bei der Eröffnung, wollte sie die Ergebnisse ihrer Recherche kundtun und das Haus mit großem Tamtam verlassen. Sie versprach sich beruflich eine Menge davon und wollte sich wohl als eine Art weiblicher Günter Wallraff profilieren.
Du hast noch nicht mit ihr sprechen können und weißt nicht genau, was passiert ist. Warte also ab, was Leonie gleich zu dieser ganzen Sache zu sagen hat.

Farbbeutel-Aktion:
Josefine Schmidtke hat die Farbbeutel mit dem roten Lack gegen die Hauswand des Gurus geworfen. Du hast sie dabei beobachtet. Du wolltest zu einer Baubesprechung zu Monti und hast noch im Wagen gesessen und telefoniert. Da kam Josefine in der Dunkelheit auf dem Fahrrad vorbei, hielt kurz an und warf! Es ging ganz schnell. Du wusstest von dem Erbschaftsdrama um ihre Mutter und hast daher geschwiegen. Sie tat dir einfach leid.
Gleich solltest du dies aber unbedingt ansprechen. Es geht hier schließlich um Mord, da muss alles auf den Tisch.

Rasputin Monti hat, bis auf eine kleine Anzahlung, deine offenen Rechnungen in Höhe von 36.000,00 Euro noch nicht gezahlt. Du hast mehrfach versucht, Kontakt zu ihm aufzunehmen. Er hat sich immer verleugnen lassen.

Du bekommst auch noch Geld von Sebastian Obermayer. Es handelt sich um 6.000 Euro für erste Bauzeichnungen und Planungen einer Selbstwaschanlage und Werkstatt, die er bauen lassen wollte.

Sebastian hat noch nichts dafür bezahlt. Er hat aber, dies weißt du genau, Geld genug. Für den Verkauf des alten Grundstücks, auf welchem seine Tankstelle stand, hat die Gemeinde ihm 170.000 Euro gezahlt. Das kannst du gleich ruhig mal ansprechen.

Du hast vor einigen Wochen noch eine wichtige Beobachtung gemacht: Marietta hat an dem Tag nach der Sprengung des Tankstellengebäudes vor der Türe der Sekte regelrecht randaliert. Du bist dort gewesen, weil du noch einmal mit Monti über die offenstehenden Rechnungen sprechen wolltest. Gerade als du aus dem Wagen steigen wolltest, fiel dir Marietta Steffens auf. Du hast die Szene beobachtet. Leonie kam schließlich aus dem Haus, die beiden sprachen miteinander und dann ist Marietta Steffens fluchend abgezogen. Du warst erstaunt, sie heute Abend hier zu sehen. Ob Leonie eventuell mehr dazu sagen kann? Um was ging es an diesem Abend und was hat Marietta mit Rasputin Monti zu tun?

Ansonsten, lieber Leonhard, kannst du ganz zufrieden sein. Du bist sehr wohlhabend und besitzt mehrere Mietshäuser. Finanziell geht es dir also sehr gut.

Zum Schluss der Ermittlungen schreibt jeder auf, wen er für den Täter hält – wir lösen den Fall später gemeinsam auf.

Vorstellungstext: Leonie Eibert, Studentin

Ich bin Leonie Eibert und lebe seit einigen Monaten hier im Haus. Ihr wisst ja alle, dass ich Publizistik studiere. Ich habe daher vor Monaten beschlossen, zur Recherche in dieses Haus zu gehen und die Strukturen kennenzulernen. Mein Plan war, heute Abend, bei der Eröffnung des neuen Zentrums, die Bombe platzen zu lassen, mich zu outen und meine Erkenntnisse offen zu legen.
Natürlich muss ich einräumen, dass ich hoffte, als angehende Journalistin irgendwie Aufmerksamkeit zu erlangen mit dieser Aktion.
Jonas, an dieser Stelle: Echt, ja ... es tut mir leid. Ich verstehe ja auch, dass du sauer bist, aber MARIE Obermayer? Ich frag dich mal ... Wie kommst du denn auf Mariechen?

Aber jetzt mal wieder zurück zu heute Abend:
Ich habe Rasputin Monti gegen 21:15 Uhr tot aufgefunden und sofort die Polizei informiert. Ich hatte mich gewundert, dass er nicht im Chakrenraum erschien, schließlich sollte das heute doch sein ganz großer Abend werden. Und natürlich auch mein großer Abend. Insofern habe ich wirklich mit Spannung und auch ungeduldig auf sein Erscheinen gewartet. Der Laden war zwar noch gut gefüllt, aber die ersten Leute gingen schon wieder nach Hause, um noch etwas vom Abend zu haben.
Ich bin also wieder zurück in seinen Meditationsraum und er ... er lag einfach tot da! Ich habe dann sofort die Polizei angerufen.
Eines ist vielleicht noch wichtig: Dieses Gewand, welches da in der Toilette gefunden wurde ... also, das ist kein Original-Gewand des Hauses. Es ist nachgemacht! Unsere, also ich meine natürlich die Mond-Gewänder, also die sind alle „Made in China“. Das steht da auch drin. Das Gewand, das im WC gefunden wurde, ist aus einem etwas anderen Material und handgenäht.

Hinweise Leonie Eibert

Weitere Informationen für dich! Du darfst von all diesem Wissen in der Ermittlungsrunde Gebrauch machen. Wenn du etwas gefragt wirst, solltest du die Wahrheit sagen, denn du bist nicht der Täter und hast nichts zu befürchten.

Du hast die ersten Wochen hier im Haus sehr fleißig recherchiert und eine Menge herausgefunden über Rasputin Monti. Er war ein Scharlatan und hat viele Leute um viel Geld gebracht. Seine Anhänger waren Kriminelle, die sich bei ihm gegen Geld versteckten. Da waren wirklich absonderliche Typen bei, denen man wirklich alles zutrauen kann.
Außerdem, dies vermutest du, hat er Geldwäsche betrieben.
Es ist dir im Laufe der Zeit gelungen, sein Vertrauen zu gewinnen. Auf diese Weise hast du dich häufiger in seinen Privaträumen aufhalten dürfen. Dort hast du die Zugangsdaten zu seinem Konto ausgespäht. Vielleicht kannst du diese später noch sinnvoll einsetzen.

Du weißt, wie Rasputin Monti damals trotz verschlossenem Portal ins Rathaus gelangen und Cordula zu so später Stunde noch im Büro überraschen konnte; er hat sich ganz einfach zur Geschäftszeit im WC einschließen lassen. Ja, so einfach sind Wunder manchmal. Du kannst dies der Bürgermeisterin gleich erzählen. Dann ist dieser Punkt geklärt.

Apropos Cordula:
Rasputin hat vor 2 Wochen von Cordulas hoch betagter Mutter eine Überweisung in Höhe von 80.000,00 Euro bekommen. Weiß Cordula dies? Sprich sie darauf an.

Am Tag der Sprengung des alten Tankstellengebäudes von Sebastian Obermayer stand Marietta Steffens vor der Türe und hat mehrfach geklingelt. Du wolltest sie hineinlassen, aber Rasputin Monti hat es dir verboten. Marietta wurde immer massiver und randalierte regelrecht vor der Türe. Rasputin befahl dir dann, hinauszugehen und sie

abzuweisen. Dies hast du auch getan. Rasputin hat dir nicht verraten, wer die Frau ist und was er mit ihr zu tun hat.
Du bist sicher, dass er sie kannte. In welchem Verhältnis stehen sie zueinander?

In letzter Zeit hat auch mehrfach eine Frau im Mitgliederzentrum angerufen, die russisch sprach. Sie klang sehr wütend, du konntest sie aber leider nicht verstehen.
Dies war aber sicher nicht Marietta, die Stimme klang sehr viel älter. Frage Marietta, ob sie eine Erklärung dafür hat.

Dein Vater Leonhard ist recht wohlhabend. Er besitzt viele Mietshäuser und Wohnungen. Er hat dich alleine aufgezogen, weil deine Mutter bereits starb, als du noch ein sehr kleines Mädchen warst.

Zum Schluss der Ermittlungen schreibt jeder auf, wen er für den Täter hält – wir lösen den Fall später gemeinsam auf.

Vorstellungstext:
Johannes Struck, Bauunternehmer

Es ist richtig, dass ich seinerzeit in der Sitzung für den Bau des Mitgliederzentrums gestimmt habe. Wir müssen sehen, dass wir Bewegung in die Gemeinde holen. Natürlich hatte ich mich vorher erkundigt: Der Mann hatte eine weiße Weste; es war ihm juristisch nichts nachzuweisen. Liquide war er auch.
Auf den Rest muss jeder Bürger selbst achten. Wo kommen wir denn da hin, wenn wir den Leuten das Denken abnehmen?
Ich hatte mir für unsere Region durch den Neubau viele Aufträge für das Handwerk versprochen; dies war mit Herrn Monti auch ausdrücklich im Vorfeld so vereinbart worden. Leider hat er aber nicht Wort gehalten.
Soviel ich weiß, ist Leonhard Eibert als Architekt der einzige, der von der Baumaßnahme profitiert hat. Alle anderen Firmen aus der Stadt sind leer ausgegangen.
Heute Abend wollte ich mir ein Bild vom fertigen Bau machen, nur deshalb bin ich hier. Ich habe nichts beobachtet, was wichtig sein könnte. Um kurz vor neun ist Jonas mir noch auf der Toilette begegnet. Er ging raus und ich ging rein; mehr kann ich dazu nicht sagen.
Ins Innere des Hauses konnte man nur gelangen, wenn man Bewohner des Hauses ist und so eine blaue Kutte trug. Da ich so ein Ding nicht hatte, gab es keine Chance, an einem dieser Türsteher vorbei zu kommen.

Hinweise Johannes Struck

Weitere Informationen für dich! Du darfst von all diesem Wissen in der Ermittlungsrunde Gebrauch machen. Wenn du etwas gefragt wirst, solltest du die Wahrheit sagen, denn du bist nicht der Täter und hast nichts zu befürchten!

Sebastian Obermayer hat der Gemeinde das alte Tankstellengelände für 170.000,00 Euro überlassen; dies war ein günstiger Preis. Die Gemeinde hat sich im Gegenzug verpflichtet, den Abriss der alten Tankstelle zu übernehmen. Dies war durch Sprengung der günstigste Weg. Sebastian hat erwartet, den Zuschlag für das Gewerbegrundstück am Ortsausgang zu bekommen. Hier musste er sich aber an das vertrauliche Bieterverfahren halten. Das heißt, jeder Interessierte gibt ein Gebot ab. Das höchste Gebot bekommt den Zuschlag.
Das Gebot von Obermayer lag bei 120.000,00 Euro, dies wusstest du. Da Monti dir den Rohbau zuschustern wollte, hast du ihm den Tipp gegeben, 121.000,00 Euro zu bieten. Soweit hat ja auch alles funktioniert.

Außerdem:
Du hast einen Spezi im Innenministerium in Berlin. Dieser Spezi hat dir vertraulich gesagt, dass euer Ort für ein Flüchtlingsankerzentrum vorgesehen sei. Man war an genau diesem Grundstück, welches Monti für das Mitgliederzentrum erworben hatte, interessiert. Der Bund zahlt viel Geld für diese Grundstücke.
Deine Bedenken: Wenn Monti nicht bauen darf, verkauft er an den Bund und es entsteht das Ankerzentrum. Erzähle den anderen davon.

Du hast für die zu erwartenden Aufträge von Rasputin Monti zusätzliche Baumaschinen für 150.000 Euro gekauft. Tatsächlich aber hat er weder dich noch andere Handwerker der Region berücksichtigt. Dies hat dich sehr wütend gemacht.
Deine Firma kämpft jetzt mit großen finanziellen Schwierigkeiten; eine Insolvenz ist kaum noch zu vermeiden.

Die Villa am Ortsrand, in welcher die Sekte zwischenzeitlich logierte, gehört dir. Du hast sie damals an Monti vermietet. Der Mietvertrag ging über einen Makler. Du hast nicht gewusst, wer da einziehen würde. Überzeugt hat dich damals, dass die Miete für ein Jahr im Voraus gezahlt wurde. Nun steht das Objekt wieder leer.
Es würde dich schon sehr interessieren, wer die Farbbeutel mit rotem Lack auf die Villa geworfen hat. Du musstest die Villa an dieser Hausseite komplett neu streichen lassen.
Sprich das an! Hat jemand sachdienliche Hinweise dazu?

Du hast im Dezember Marietta Steffens im „Hotel Bären" kennengelernt. Sie saß alleine an der Bar und ihr kamt ins Gespräch. Du hattest die Baupläne für das neue Mitgliederzentrum auf dem Laptop dabei und sie ihr gezeigt, da sie sich sehr für deine Arbeit interessierte. Schließlich hast du die Nacht mit ihr im Hotel verbracht. Am Morgen habt ihr noch gefrühstückt und dann verschwand sie spurlos.
Du hast bis heute Abend nichts mehr von ihr gehört. Hier hast du sie dann eben zufällig bei der Eröffnung getroffen. Auch heute war sie ständig unterwegs. Sie war mal hier, mal da und zwischendurch immer wieder unauffindbar. Diese Frau ist dir ein Rätsel.

Markus, einer der Söhne von Sebastian Obermayer, absolviert bei dir eine Ausbildung zum Maurer. Er hat die Reifen des Wagens von Monti zerstochen. Dies weißt du von einem anderen Azubi. Markus hat es seinem Kollegen erzählt. Berichte den anderen davon!

Zum Schluss der Ermittlungen schreibt jeder auf, wen er für den Täter hält – wir lösen den Fall später gemeinsam auf.

Vorstellungstext:
Josefine Schmidtke, Schneiderin

Ich bezeichne ich mich als eine Rasputin-Geschädigte und versuche zurzeit, andere Opfer dieses Mannes zu einer Sammelklage zu bewegen. Dieser ... dieser... Betrüger hat meine Mutter dazu gebracht, ihr Testament zu ändern. Ich habe den Pflichtteil erhalten, sonst nichts. Mein Elternhaus – alles, was mir wert und lieb war – hat er geerbt. Ich bin in erster Instanz vor Gericht gescheitert und habe beschlossen, kein weiteres Geld mehr für Prozesse auszugeben.
Heute bin ich hier hergekommen, um mir den Mann einmal vorzuknöpfen. Ich hatte 6 faule Eier dabei, die ich auf ihn pfeffern wollte. Die habe ich schon vor Wochen gekauft und ungekühlt auf der Heizung aufbewahrt. Leider hat sich der alte Feigling ja nicht zu uns herunter getraut. Es ist nicht zu fassen, dass heute Abend tatsächlich auch noch Leute Geld gespendet haben. Wie vernebelt müssen die eigentlich sein?

Ich hoffe, dass sich diese Sekte jetzt im Nichts auflöst und dass sich nicht noch ein Erleuchteter findet, der uns mit Lavendel einräuchert. Diese Sektenheinis sollen alle bleiben, wo der Pfeffer wächst und aus dem Haus hier kann man wunderbar ein neues Gemeindeszentrum für uns Bürger der Stadt machen.

Hinweise Josefine Schmidtke

Weitere Informationen für dich! Du darfst von all diesem Wissen in der Ermittlungsrunde Gebrauch machen. Wenn du etwas gefragt wirst, solltest du die Wahrheit sagen, denn du bist nicht der Täter und hast nichts zu befürchten!

Du hast vor Wochen 6 Beutel mit rotem Lack auf die Hauswand des alten Domizils von Monti geworfen. Er und die Gruppe wohnten damals noch in einer gemieteten Villa am Ortrand.

Außerdem weißt du, dass Sebastian Obermayer und Jonas Meier den Monti vor dem Haus überfallen und zusammengeschlagen haben. Du hast die beiden dabei beobachtet, denn du warst die Person, die damals gegenüber geparkt hat und dann davon gefahren ist. (Vorgeschichte)
Du wolltest damals schon die Farbbeutel werfen, aber Sebastian und Jonas kamen dir mit ihrem Überfall in die Quere.
Da ein Mörder gesucht wird, solltest du Sebastian und Jonas darauf ansprechen und ihre Tat zur Sprache bringen.

Du hast heute Abend beobachtet, dass Sebastian die Toiletten aufgesucht hat. Zwischen 20:30 und 21:00 Uhr war er unauffindbar. Du hast ihn gesucht, weil du ihn noch etwas wegen deines Autos fragen wolltest. Er hat jetzt zu Hause in der Scheune eine Hebebühne aufgestellt, eine kleine Werkstatt installiert und repariert schwarz die Autos von guten, ehemaligen Kunden. Erzähle den anderen davon.
Sebastian war erst gegen 21:00 Uhr wieder im Chakrenraum. Frage ihn, wo er in der Zwischenzeit war.

Du bist Schneiderin und hast, im Auftrag von Jonas Meier, ein blaues Gewand genäht, so wie es die „Kinder des Mondes" tragen. Jonas hat dich schon vor Wochen mit der Herstellung beauftragt. Du hast es ihm heute Abend, gleich gegen 19:30 Uhr, übergeben.
Was er damit wollte, hat er nicht gesagt – und du hast auch nicht danach gefragt.

Das solltest du heute aber nachholen. Warum hat Jonas das Gewand bestellt und was hat er damit gemacht?

Zum Schluss der Ermittlungen schreibt jeder auf, wen er für den Täter hält – wir lösen den Fall später gemeinsam auf.

Vorstellungstext:
Sebastian Obermayer, KFZ-Mechaniker

Sie wissen ja bereits, welche Probleme mir dieser Mann beschert hat. Wut habe ich, das gebe ich gerne zu. Meine Wut richtet sich allerdings nur zu 50 % gegen diesen Mann, die anderen 50 % richten sich gegen die Gemeinde, die meine neue Waschanlage nebst Werkstatt geopfert hat für dieses Sektenzentrum hier. Es ist doch eine Sauerei! Ich hatte im Bieterverfahren 120.000 Euro geboten ... und dann geht das Grundstück sang- und klanglos an einen fremden Kerl aus Sankt Petersburg, der den Bürgern der Stadt den Kopf verdreht und der gerade mal 1.000,00 Euro mehr bietet! Da kriegste doch die Pimpinellen!
Ich habe bisher kein neues Grundstück gefunden und lebe von meinen Ersparnissen. Wissen Sie, wie schnell die bei 10 zu stopfenden Mäulern schrumpfen? Da können Sie zugucken, wie das Geld schmilzt. Die haben ja alle ständig Hunger und wachsen in Lichtgeschwindigkeit aus allem raus.
Ich habe 7 Söhne im Alter zwischen 18 und 4 Jahren und eine Tochter, das Mariechen. Sie ist 17 Jahren. Alle unsere Kinder wohnen noch zu Hause. Meine Frau ist wirklich sparsam, aber ich kann Ihnen sagen, das Leben mit 10 Personen in einem Haushalt ist teuer.
Mein Ältester, der Markus, macht zurzeit beim Bauunternehmer Struck eine Ausbildung. Er gibt zurzeit fast sein gesamtes Gehalt ab. Lustig ist das für einen Jungen in dem Alter auch nicht. Die anderen Jungs, also der Florian, der Kriss, der Vincent, der Moritz, der Tobi und der Marco, die gehen alle noch zur Schule. Die muss ich alle noch komplett mit durchfüttern. Das Mariechen isst zwar nicht viel, aber die will dafür andauernd neue Sachen zum Anziehen. Typisch Mädchen eben. Da könnt ihr euch ja selbst ausrechnen, was das kostet pro Monat. Und jetzt sag ich gar nichts mehr dazu! Hernach wird einem da noch was angehängt.

Hinweise Sebastian Obermayer

Weitere Informationen für dich! Du darfst von all diesem Wissen in der Ermittlungsrunde Gebrauch machen. Wenn du etwas gefragt wirst, solltest du die Wahrheit sagen, denn du bist nicht der Täter und hast nichts zu befürchten!

Ganz so schlecht geht es dir nicht, denn du hast inzwischen zu Hause in der Scheune eine Hebebühne und eine kleine Werkstatt installiert. Die Geschäfte laufen ohne Finanzamt recht ordentlich und du bist zum Geheimtipp geworden in der Region. Außerdem hast du ja das Grundstück verkauft, auf dem deine alte Tankstelle stand. Du hast 170.000,00 Euro dafür bekommen. Die Abriss-Kosten für das alten Gebäudes hat die Gemeindekasse übernommen.

Bei Leonhardt Eibert hast du 6.000,00 Euro Schulden. Er hatte von dir etwas vorschnell den Auftrag erhalten, die neue Selbstwaschanlage nebst Werkstatt zu planen und zu konstruieren. Du könntest die Rechnung ausgleichen, siehst es aber nicht ein. Leonhard hat ja schließlich auch das neue Mitgliederzentrum geplant und Geld verdient. Er kann deiner Meinung nach nicht zweimal einen Bau auf dem gleichen Grundstück planen und so doppelt verdienen. Das geht dir gegen den Strich. Verteidige diese Meinung. Außerdem ist er ohnehin sehr wohlhabend und braucht deine 6.000,00 Euro nicht. Ihm gehören einige Miethäuser. Er soll also nicht jammern, sondern Ruhe geben.

Du hast vor Wochen gemeinsam mit Jonas Meier den Guru vor seinem Haus verprügelt. (wie in der Vorgeschichte gehört)
Das gehört sich zwar nicht, aber es war dir und Jonas ein inneres Bedürfnis. Jonas ist inzwischen mit deiner Tochter Marie verbandelt, er gehört also so gut wie mit zu deiner Familie. Der Jonas ist ein prima Kerl und ihr habt den Monti ja auch nicht wirklich schwer verletzt, sondern ihm nur einen Denkzettel verpasst.

Du weißt, wie sehr Josefine Schmidtke unter dem Verlust des Elternhauses leidet. Sie hatte eine große Wut auf den selbsternannten

Heiler. Josefine ist Schneiderin. Für sie wäre es doch Gewiss ein Leichtes, so ein blaues Gewand zu schneidern, wie es in der Gemeinschaftstoilette gefunden wurde. Sprich das unbedingt an. Hat Josefine dieses Gewand genäht und wenn ja, für wen?

Zu heute Abend: Nachdem Monti nicht auftauchte, bist du gegen zirka 20:30 Uhr raus in den Hof gegangen und hast einen zweiten Eingang gesucht, um in das Innere des Hauses zu gelangen. Du wolltest diesen Kerl einfach mal zur Rede stellen. Leider aber gab es keine Chance, ins Haus zu gelangen. Um 21:00 Uhr bist du wieder rein in den Chakrenraum. Josefine Schmidtke kam gleich auf dich zu; sie suchte schon nach dir und wollte einen Termin für eine Autoreparatur mit dir vereinbaren.

Zum Schluss der Ermittlungen schreibt jeder auf, wen er für den Täter hält – wir lösen den Fall später gemeinsam auf.

Vorstellungstext: Marietta Steffens, Urlauberin

Ich bin Marietta Steffens und ich bin zu Besuch hier in der Stadt! Ich bin vor einigen Wochen hier hergekommen, weil meine Großeltern früher hier gelebt haben; das war noch vor dem 2.Weltkrieg. Ich wandele auf den Spuren meiner Vorfahren und wollte mir das einmal ansehen. Damals war der Abriss der Tankstelle von dem Herrn Obermayer das große Gesprächsthema in der Gemeinde. Sie sollte ja gesprengt werden, das sieht man nicht alle Tage. Fragen Sie mich nicht, wie und warum ich am Tag des Abrisses dann in das Gebäude gelangt bin. Ich kann mich einfach nicht erinnern. Ich weiß nur, dass ich am Tag vorher von außen diese Baustelle angesehen habe und am nächsten Tag die Sprengung beobachten wollte.

Als ich dann in diesem Tankstellengebäude aufwachte, und auch noch in einer der oberen Etagen, da hat mich wirklich die nackte Angst gepackt. Ich bin die Treppen runter um mein Leben gerannt und dann einfach nur noch weggelaufen. Einer der Männer mit den gelben Helmen hat mich natürlich aus dem Gebäude stürmen sehen. Er hat nach mir gerufen und mich auch ein Stück weit verfolgt. Aber ich hatte wirklich keine Lust, irgendwelche Erklärungen abzugeben. Ich bin – ich weiß, dies war nicht richtig – einfach in die Menschenmenge da hinter der Sperrzone gelaufen. Die Polizei habe ich wegen der Sache nicht eingeschaltet, weil ich Angst hatte, für die zusätzlichen Kosten, die durch die Verzögerung ja eventuell entstanden sind, aufkommen zu müssen. Vor diesem Hintergrund haben Sie hoffentlich Verständnis für mein Handeln.

Mit Rasputin Monti habe ich nichts zu tun. Ich bin eher zufällig auf diese Eröffnung hier heute Abend gelangt und das ist auch schon alles. Von dieser Region hier habe ich noch gar nicht viel gesehen, noch nicht einmal die Königsschlösser. Und in den Bergen war ich auch noch nicht. Vielleicht kann Johannes noch einmal mit mir losgehen und mir das eine oder andere zeigen? Ihn habe ich durch Zufall bei meinem ersten Besuch hier im Ort kennengelernt. Das wäre sehr schön, wenn Johannes noch etwas Zeit für mich hätte, zu zeigen das eine oder andere.

Hinweise Marietta Steffens

Weitere Informationen für dich! Du darfst von all diesem Wissen in der Ermittlungsrunde Gebrauch machen! Wenn du etwas gefragt wirst, solltest du dir deine Antwort gut überlegen, denn du bist die Täterin und hast daher einiges zu befürchten.

Du heißt eigentlich Maruschka Steffenskaja, bist Privatermittlerin und arbeitest in Sankt Petersburg.
Deine Mutter ist Deutsche, daher beherrschst du die Sprache so gut. Seit einiger Zeit bist du im Auftrag einer russischen Milliardärin auf den Spuren des Rasputin Monti. Monti hat diese Frau um eine Million Euro erleichtert, indem er sie zu einer Spende überredet hat. Im Gegenzug versprach er, ihren Mann durch Handauflegen von einer unheilbaren Krankheit zu heilen. Leider ist der Mann kurz darauf trotzdem gestorben und die Dame will ihr Geld zurück. Dies war dein Auftrag; die Rückbeschaffung des Geldes und zwar ohne Polizei, denn es war Schwarzgeld.
Wenn du gleich gefragt wirst, kannst du diesen Part ruhig einräumen. Wenn du es leugnest, machst du dich höchstens verdächtig.

Du hast Monti vor Wochen hier ausfindig gemacht, mit der Forderung der Russin konfrontiert und ihm massiv gedroht. Monti versprach, das Geld zu besorgen. Ihr verabredetet euch für 2 Tage später am sehr frühen Morgen zur Geldübergabe auf einem Wanderparkplatz.
(Hinweis: es war der Tag des Abrisses der Tankstelle)
Monti wartete schon auf dich; es war noch dunkel und du hast zu spät gesehen, dass er nicht alleine war. Zwei „Kinder des Mondes“ traten plötzlich aus der Dunkelheit. Man hat dich überwältigt, betäubt und dann offensichtlich in dieses Tankstellengebäude verbracht. Es ist ein Wunder, dass du nicht erfroren bist, denn du hast sicher Stunden auf dem kalten Boden gelegen bei eisigen Temperaturen.

Später bist du noch einmal zum Haus der „Kinder des Mondes“ gefahren und hast vor der Türe so lange geklingelt und gerufen, bis Leonie Eibert herauskam. Sie sagte dir, sie würden dich anzeigen, wenn du nicht verschwindest. Es gelang dir keine Kontaktaufnahme mehr zu Monti, er ließ sich komplett abschirmen. Du bist zurück nach Sankt Petersburg gereist.

Deine russische Auftraggeberin hat nun eine Erfolgsprämie von 100.000,00 Euro ausgesetzt für jeden, der ihr das Geld zurückbringt. Dieses Geld wolltest du dir unbedingt verdienen, bevor dir russische Kollegen zuvorkommen. Daher bist du heute noch einmal in diesen Ort gekommen.

Du hast am frühen Abend im Papierkorb des Vorraumes der WC-Anlage eines dieser blauen Gewänder gefunden und an dich genommen. In einem unbeobachteten Moment hast du es angezogen und bist damit tatsächlich ins Innere des Zentrums gelangt.

Du kanntest den Weg zu Montis Räumen, denn:
Du hast bei deinem ersten Besuch hier in der Stadt in einem Hotel übernachtet. Dort hast du an der Bar Johannes Struck kennengelernt. Er hat dir zu später Stunde vom geplanten Bauobjekt erzählt und dir sogar die Baupläne auf seinem Laptop gezeigt. Ihr habt die Nacht miteinander verbracht. Als Johannes schlief, hast du die Baupläne auf einen Stick kopiert. Du hast vor deinem Besuch heute diese Baupläne genau studiert.
Mit Hilfe des blauen Gewandes hat dich niemand aufgehalten. Du konntest problemlos zu Monti gelangen. Monti erkannte dich sofort. Du hast sehr resolut das Geld deiner Auftragsgeberin eingefordert.
Er erklärte, er habe es im Tresor und müsse den Schlüssel holen. Rasputin ging an seinen Schreibtisch, öffnete eine Schublade und hatte plötzlich eine Waffe in der Hand. Mit der Waffe kam er auf dich zu; sein Blick war eiskalt. Du bist sicher, er wollte dich töten. Als er nah genug vor dir stand, hast du alles auf eine Karte gesetzt und ihn frontal angegriffen. Es gab ein Gerangel; ein Schuss löste sich und traf Monti selbst. Er starb in wenigen Augenblicken.
Du hast die Waffe abgewischt und zurückgelassen und das blaue Gewand wieder ausgezogen. Es war ja nur eine Kutte, die du über deine Kleidung gezogen hattest. Dann bist du rasch zurückgegangen. Im

Besucherraum herrschte immer noch großes Gedränge. Du hast das Gewand wieder im Papierkorb des WC-Vorraums verstaut und dich erneut unter die Gäste gemischt.

Lege auf keinen Fall ein Geständnis ab; wir lösen den Fall später gemeinsam auf.

Vorstellungstext:
Neutraler Beobachter

(bitte als letzter in der Runde vortragen)

Ich nehme als Sonderermittler an dieser Runde teil und darf mir frei aussuchen, bei welcher Person ich mit in den Geheimtext schauen darf.

Die Auswahl muss sich allerdings auf eine Person beschränken.
Ich kann diese Person beraten und mich ansonsten ganz normal an den Ermittlungen beteiligen.

Wenn meine Wahl zufällig auf die Täterin oder den Täter fällt und ich auf diese Weise vorab erfahre, wer schuldig ist, stehe ich selbstverständlich unter Schweigepflicht.

Den Täter werde ich also keinesfalls verraten!

Hinweise Neutraler Beobachter

Weitere Informationen für dich! Du darfst von all diesem Wissen in der Ermittlungsrunde Gebrauch machen! Wenn du etwas gefragt wirst, solltest du die Wahrheit sagen, denn du bist nicht der Täter und hast nichts zu befürchten.

Du hast im Vorfeld gewählt und dich für eine Person entschieden, mit welcher du in der Ermittlungsrunde zusammenarbeiten wirst.
Solltest du zufällig den/die Täter/in gewählt haben: Denke an die Schweigepflicht.
Lasst euch in diesem Falle nichts anmerken und versucht gemeinsam, den Verdacht auf andere Personen zu lenken.

Ansonsten gilt:
Fast alle Mitspieler haben größere und kleinere Geheimnisse und genau diese gilt es, herauszufinden. Oft gehen gute Ermittlungsansätze im Gespräch unter, weil neue Vorwürfe laut werden und das bereits Gesprochene in Vergessenheit gerät.

Höre also genau hin und versuche, jeder Aussage wirklich auf den Grund zu gehen.

Fertige Notizen an, wenn du etwas wichtig erachtest.
Bedenke: Viele Morde sind Beziehungstaten und geschehen aus Eifersucht oder verschmähter Liebe. Aber auch Angst,
Gier, Neid, Hass oder Rache darf als Motiv nicht unterschätzt werden.
Der springende Punkt ist: **Wer hatte wirklich ein Motiv für die Tat und wer hatte die Gelegenheit?**

Nach den Ermittlungen schreibt jeder auf, wen er für den Täter hält, und später lösen wir den Fall gemeinsam auf.

Zwischeninformation für Leonie Eibert

Bitte geben Sie Leonie diese Information kurz vor Ende der Ermittlungsrunde:

Das Geheimnis um die russische Anruferin hat dir keine Ruhe gelassen. Es ist dir gelungen, sie ausfindig zu machen. Rasputin Monti hat diese Frau um eine Million Euro erleichtert; er wollte für diese Summe ihren Mann heilen. Leider ist er aber kurz nach der Geldtransaktion verstorben. Nun hat die Dame eine Prämie von 100.000,00 Euro ausgesetzt für die Person, die ihr das Geld von Monti zurück verschafft. In dieser Runde sind einige Personen um jeden Cent verlegen. Kann die ausgesetzte Prämie der Russin etwas mit dem Mord an Monti zu tun haben? Erzähle den anderen davon.

Auflösung

Vergessen wir alles, was wir zu wissen glauben und schaffen wir Platz für die Erkenntnis: Was konnte man herausfinden?
So ein bisschen Dreck am Stecken hat hier heute fast jeder:

Josefine Schmidtke zum Beispiel hat die 6 Farbbeutel mit rotem Lack auf die Hauswand des gemieteten Gebäudes geworfen. Außerdem hat sie das Gewand genäht, das der Mörder bei der Tat getragen hat.

Dieses Gewand hat Jonas in Auftrag gegeben.
Jonas hat auch, gemeinsam mit Sebastian Obermayer, den selbst ernannten Heiler verprügelt.

Markus, der Sohn von Obermayer, hat die Reifen des VW-Busses zerstochen.

Cordulas Mutter hat 80.000,00 Euro an den Guru gespendet. Cordula befürchtet sicher, dass es ihr irgendwann so ergeht wie der stark verärgerten Josefine Schmidtke, die ja um ihr Erbe gebracht wurde.

So könnten wir jetzt alle Personen genau unter die Lupe nehmen und Motive erörtern. Wir können die Ermittlungen aber etwas abkürzen:
Als Täter kommt nur eine Person infrage, die sich im neuen Mitgliederzentrum auskannte, beziehungsweise die zumindest wusste, wo der Rasputin Monti seine Räumlichkeiten hatte.
Gehen wir alle Personen einmal durch:

Cordula: kannte die Baupläne nicht.
Josefine Schmidtke: nein
Sebastian Obermayer: nein
Jonas Meier: nein

Diese 4 können wir sofort ausschließen, denn sie kannten sich nicht im Haus aus und hätten den Meister kaum im Wirrwarr der Gänge gefunden.

Leonie Eibert: zweifellos. Hier fehlt aber komplett das Motiv. Leonie wollte sich heute Abend als Journalistin profilieren; für ihre Enthüllungen benötigte sie den Meister lebend.

Leonhard Eibert: ja! Er hat das Haus geplant. Hier fehlt allerdings das Motiv. Er wusste ja von Leonies Absichten. Dass er noch Geld von Rasputin Monti bekommt ... nun, das ist für Leonhard Eibert kein Mordmotiv. Wir haben inzwischen erfahren, dass er sehr wohlhabend ist und mehrere Mietshäuser besitzt.

Johannes Struck: ja! Er kannte die Baupläne durch eine Ausschreibung. Er hätte somit zumindest die Ortskenntnis und er hatte natürlich Wut auf den Guru, weil er ja Baumaschinen angeschafft, aber keinen Auftrag erhalten hat. Ob das als Motiv ausreicht, lassen wir mal dahingestellt. Johannes hat aber kurz vor 21:00 Uhr noch den Jonas Meier auf dem WC betroffen. Das sagen die beiden übereinstimmend aus. Wenn wir nun die 7 Minuten nehmen, die Leonie in der Vorlesegeschichte benötigte, um vom Chakrenraum in den Mediationsraum zu gelangen, und davon ausgehen, dass Leonie schnell ging und sich sehr gut auskannte, dann kommt es mit der Tatzeit 21:00 Uhr bei Johannes zeitlich einfach nicht hin.

Bleibt Marietta: Sie heißt, das wissen Sie inzwischen sicher, eigentlich Maruschka Steffenskaja und arbeitet in Sank Petersburg. Maruschka kannte die Blaupläne, denn sie hat ja im Dezember mit Johannes eine Nacht verbracht. Er hat ihr die Pläne damals gezeigt; er hatte sie auf dem Laptop dabei.
Maruschka hat diese Pläne in dieser Nacht vom Laptop kopiert, als Johannes schlief. Sie ist Privatermittlerin und hat sich, da sie gerade an einem Fall arbeitete, die mit dem Bauherrn des ZENTRUMS zu tun haben, gedacht, dass sie diese Pläne eventuell einmal brauchen kann. Maruschka ist im Auftrag einer russischen Millionärin auf den Spuren von Rasputin Monti. Monti hat diese Frau um eine Millionen Euro erleichtert, indem er sie zu einer Spende überredet hat. Im Gegenzug versprach er, ihren Mann durch Handauflegen von einer unheilbaren

Krankheit zu heilen. Leider ist der Mann kurz darauf trotzdem gestorben und die Dame will ihr Geld wiederhaben. Dies war Maruschkas Auftrag; die Rückbeschaffung des Geldes und zwar ohne Polizei, denn es war Schwarzgeld.

Sie hat Monti hier in Bayern ausfindig gemacht, mit der Forderung der Russin konfrontiert und ihm massiv gedroht. Monti versprach, das Geld zu besorgen. Sie verabredeten sich für 2 Tage später. Dies war der Tag, an dem die Tankstelle von Sebastian gesprengt werden sollte. Man traf sich am sehr frühen Morgen zur Geldübergabe auf einem Wanderparkplatz. Es war noch dunkel, Monti wartete schon auf sie. Sie hat zu spät gesehen, dass er nicht alleine war. Zwei „Kinder des Mondes" traten plötzlich aus der Dunkelheit. Man hat Marietta überwältigt, betäubt und dann offensichtlich in das Tankstellengebäude verbracht. Sie ist gerade noch rechtzeitig wach geworden. Es ist ein Wunder, dass sie nicht erfroren oder bei der Sprengung ums Leben gekommen ist. Monti hat ihren Tod jedenfalls billigend in Kauf genommen. Er hatte keinerlei Skrupel. Marietta ist dann zunächst abgereist.

Die russische Auftraggeberin hat aber inzwischen eine Erfolgsprämie von 100.000,00 Euro ausgesetzt für den, der ihr die Million zurückbringt. Diese Erfolgsprämie wollte sich Maruschka unbedingt verdienen, bevor ihr russische Kollegen zuvorkommen. Daher ist sie heute noch einmal hier hergekommen.
Sie hat am frühen Abend im Papierkorb des WCs die blaue Kutte gefunden und an sich genommen. In einem unbeobachteten Moment hat sie diese übergezogen und ist damit tatsächlich ins Innere des Zentrums zu Monti gelangt. Sie forderte das Geld. Er erklärte, er habe es im Tresor und müsse nur den Schlüssel holen. Er ging an seinen Schreibtisch, öffnete eine Schublade und hatte plötzlich eine Waffe in der Hand.
Maruschka war sofort klar, dass er nicht zögern würde, sie zu töten. Als er nah genug vor ihr stand, hat sie alles auf eine Karte gesetzt und ihn angegriffen. Es gab ein Gerangel, es löste sich ein Schuss und Monti sank getroffen zu Boden. Er starb innerhalb weniger Minuten. Maruschka hat die Waffe abgewischt und fallen lassen. Dann hat sie

die Kutte abgestreift und ist zurückgelaufen. Im Zentrum herrschte immer noch großes Gedränge. Sie hat die Kutte wieder im Papierkorb der WC-Anlage verstaut und sich danach wieder unter die Anwesenden gemischt.

Normalerweise hätte Maruschka einfach die Polizei rufen müssen; sie hat eindeutig in einer Notwehrsituation gehandelt. Ich denke aber, Maruschka hat nicht das größte Vertrauen in die Polizei. Sie stammt aus Sankt Petersburg und dort kann man sich nicht immer auf die Polizei verlassen.

Wie es mit allen weiterging

Nachrichten:
Die Russin Maruschka Steffenskaja wurde gestern aus der U-Haft entlassen. Die Untersuchungen im Mordfall Rasputin Monti, unter der Leitung von Kriminalhauptkommissar Edwin Schickerl, haben ihre Darstellung einer Notwehrsituation eindeutig belegt. Frau Steffenskaja ist bereits in ihre Heimatstadt Sankt Petersburg abgereist.

Es war ein sehr früher Sonntagmorgen, als der dunkelblaue VW-Bus auf den Hof von Sebastian Obermayer fuhr. Dieser stand vor seiner Scheunen-Werkstatt und rieb sich die Hände.
„Da hab ich echt ein Schnäppchen gemacht", sagte Sebastian zu seinen sieben Söhnen, die wir die Orgelpfeifen neben ihm standen. „Jeder von euch kriegt jetzt ein Läppchen ... und dann wird poliert! Den Wagen können wir dann gut verkaufen und von dem Erlös machen wir alle zusammen Urlaub!

Jonas Meier und Mariechen sind vor kurzem zusammengezogen. Sebastian Obermayer und seine Frau waren zunächst recht traurig. Da Obermayers aber noch in diesem Jahr das 9. Kind erwarten, ist auch ein kleines Stück Erleichterung über ein freies Bett zu erkennen!

Cordula Mayer-Stratmann saß in ihrem Büro im Gemeindeamt, als Josefine Schmidtke zur Türe hereinschaute.
„Ich hab den Prozess in zweiter Instanz gewonnen", strahlte Josefine und schwenkte das schriftliche Urteil!
„Darauf geb ich einen aus", erklärte die Bürgermeisterin und dachte dankbar an den neuesten Kontoauszug, der am Morgen mit der Post gekommen war. Die 80.000,00 Euro ihrer Mutter waren wieder gutgeschrieben. Wie gut, dass Leonie Eibert bei ihrer Recherche die Zugangsdaten von Montis Konto entdeckt und kopiert hatte.

Johannes Struck stieg in Sankt Petersburg aus dem Zug und sah sich um. Plötzlich entdeckte er Maruschka in der Menschenmenge, sie winkte ihm aufgeregt zu. Es würden schöne Tage werden in Sankt

Petersburg.

Leonhard Eibert saß im Flugzeug nach Washington, beobachtete seine schlafende Tochter gegenüber und fragte sich zum hundertsten Mal an diesem Tag, ob es richtig gewesen war, Leonie zu begleiten. Andererseits konnte er doch unmöglich zu Hause herumsitzen, während Leonie ausgerechnet im Weißen Haus ein Praktikum absolvierte ...

Liebe Gäste, Sie sehen:
Die Welt in XXX ist wieder rund! Kommen Sie alle gut nach Hause.

Autorenportrait

Cornelia H.-Müller ist seit 2006 als Autorin tätig.
Ihr Genre sind Mitspielkrimis, Kinderspielgeschichten und Theaterstücke.

Autorenkontakt über glashauskrimi@glashauskrimi.de

Besuchen Sie Cornelia H.-Müller auf ihrer Homepage: www.glashauskrimi.de

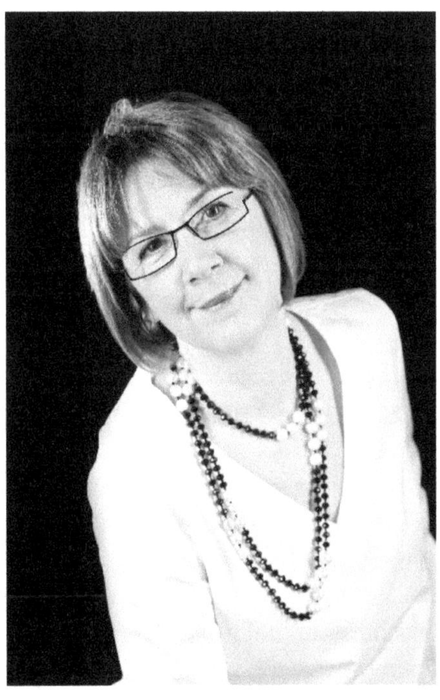

Weitere Bücher von Cornelia H.-Müller, erschienen im Edition Paashaas Verlag:

Krimiparty: 5 neue Fälle für Ihre Ermittlungen zu Hause

ISBN: 978-3-9813928-8-3, Preis: 13,95 €

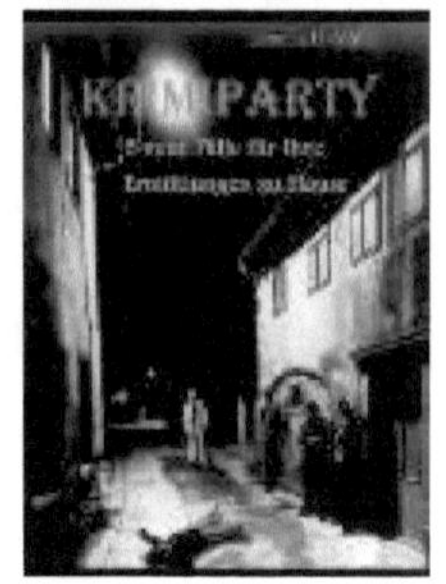

Entdecken Sie Ihren kriminalistischen Spürsinn! Mithilfe dieses Buches können Sie zu Hause gemeinsam mit Ihren Familienmitgliedern und Gästen auf Tätersuche gehen. Sie ermitteln und befragen, Sie bewerten Tatsachen und Aussagen und Sie finden schließlich heraus, wer der Täter oder die Täterin ist.

Diese Krimis finden Sie in dem Buch:
Irrtum oder Absicht?
Mord in bester Gesellschaft
Muttertag
Mann über Bord
Feine Verhältnisse!

Krimiparty Sonderausgabe 1:
Plötzlich und erwartet

ISBN: 978-3-942614-25-2, Preis: 7,95€

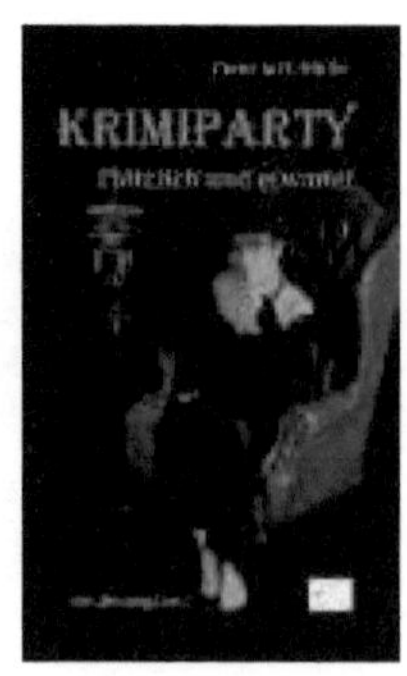

Karl-Friedrich von Staffelberg lädt seine Familie und einige Freunde zu einem feierlichen Weihnachtsessen ein. Zum ersten Mal ist in diesem Jahr auch Karl-Friedrichs frischangetraute dritte Ehefrau, die junge und schöne Jaqueline, dabei. Dies wäre kaum erwähnenswert, stünden nicht auch die beiden Ex-Ehefrauen des Fabrikanten, Irene und Monika, auf der Gästeliste. Zu alledem sieht sich der Gastgeber am Weihnachtsabend mit wirklich ärgerlichen Indiskretionen konfrontiert! Dennoch endet das Fest ganz harmonisch, doch am nächsten Morgen gibt es einen Toten in der Villa zu beklagen ...

Krimiparty Sonderausgabe 2: Workshop mit Todesfolge

Ein Krimi aus dem Allgäu.
ISBN: 978-3-942614-39-9, Preis: 7,95€

Toni Burger führt gemeinsam mit seiner Frau Zenzia einen einsam gelegenen Sennerhof inmitten des wunderschönen Allgäus.
An einem Wochenende trifft sich dort oben auf 1800 m eine recht gemischte Reisegruppe, um mit einem Fasten- und Meditationsprogramm dem Alltag, zumindest für kurze Zeit, zu entfliehen. Ganz so friedlich wie die Wollschweine, die der Toni züchtet, ist die Gegend allerdings nicht, denn schon am zweiten Tag gibt es einen Toten zu beklagen. Warum dieser sterben musste, was ein Wollschwein-Workshop unter Männern damit zu tun hat und warum ein Sylter Strandkorb auf einem Sennerhof im Allgäu steht ... dies herauszufinden, wird Ihre Aufgabe sein.

Krimiparty Sonderausgabe 3: Die Rache

A Thriller- für Ladies only.
ISBN: 978-3-942614-41-2, Preis: 7,95 €
Die Rache ist süß... und manchmal zartbitter!

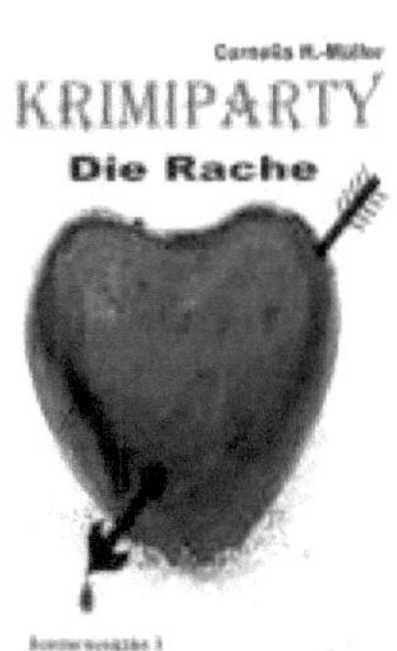

8 Frauen treffen sich an einem Wochenende im November in dem einsam gelegenen Landhaus der schwerreichen Camilla von Strelitz.
Dort, in den Highlands nahe Iverness, sorgen ein Stromausfall, ein durchgebrannter Gaul und ein Todesfall für reichlich Abwechslung. Ermitteln Sie mit, wenn wir versuchen, etwas Licht in diesen nebulösen Fall zu bringen.

Krimiparty Sonderausgabe 4: MorgenGrauen
Ein Mitspielkrimi aus Bayern
ISBN: 978-3-942614-58-0, Preis: 7,95 €

Lokalzeitung Wulfrathshausen:
Der Brauereibesitzer Konrad Weiblinger wurde bei einem Jagdunfall im Wulfrathshausener Forst tödlich verletzt.
Nähere Umstände zu dem tragischen Unglück sind bislang nicht bekannt. Der Unternehmer war weit über die Grenzen Bayerns hinaus bekannt und geschätzt. Besonders tragisch ist, dass Konrad Weiblinger am kommenden Montag die Münchner Immobilienhändlerin Susanne Schwammberger heiraten wollte ...

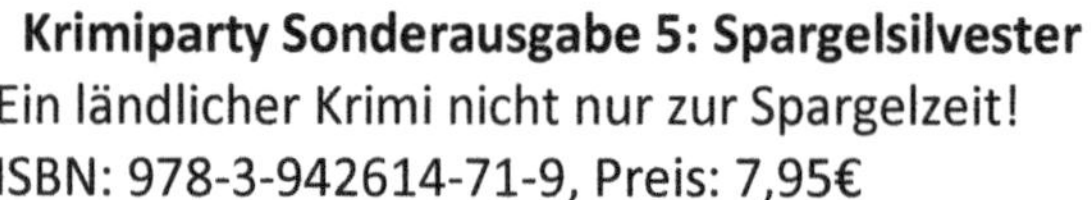
Krimiparty Sonderausgabe 5: Spargelsilvester
Ein ländlicher Krimi nicht nur zur Spargelzeit!
ISBN: 978-3-942614-71-9, Preis: 7,95€

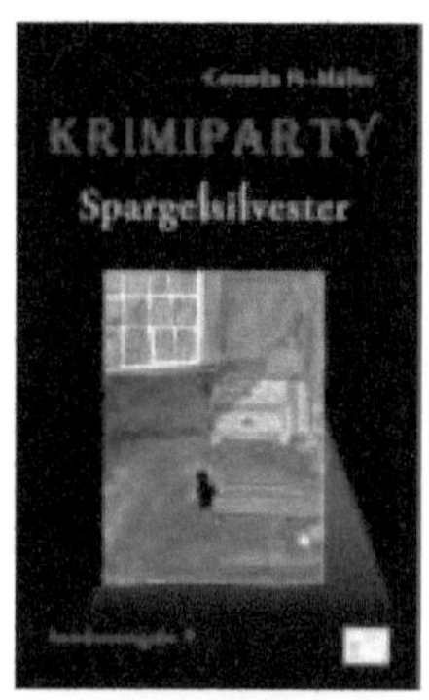

Harry Petterson, Spargelbauer und Besitzer von Gut Landswede in Schleswig-Holstein, hat großen Grund zur Sorge. Ein hässlicher Erbstreit trübt die Stimmung in der Familie eben-so, wie das außergewöhnliche Geschenk, welches Hetty dem gemeinsamen Sohn Heiko ohne jede Absprache zum 22. Geburtstag gemacht hat. Und Tochter Syke? Sie treibt sich neuerdings auffällig oft im Heu herum und zickt mit ihrer aus Amerika angereisten Kusine Jaba um die Wette. Als das für die Landarbeiter, Freunde und Nachbarn ausgerichtete Spargelfest zum Saisonende für einen der Bewohner des Hofes tödlich endet, beginnt der Alptraum für Harry und die Seinen allerdings erst so richtig!

Und als besonderes Highlight gibt es passend zum Krimi noch ein Spargelrezept von Sternekoch Sascha Stemberg!

Krimiparty Sonderausgabe 6: Inkognito
- ein Hotelkrimi
ISBN: 978-3-945725-12-2, 7,95€
Neuerscheinung Februar 2015

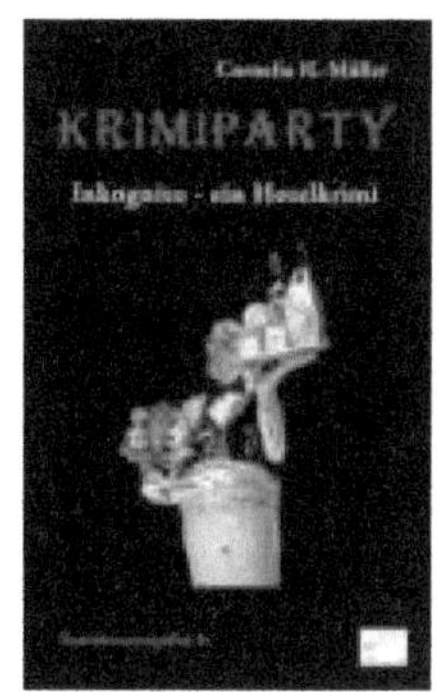

Spitzenkoch Jaques Pampelmues steht vor seinem größten Triumph; nachdem sein Koch-buch „Jaques á la Carte“ seit Wochen auf den Bestsellerlisten steht, plant der Fernsehproduzent Frank Bachhausen jetzt eine eigene Kochshow im TV mit ihm. Man sollte annehmen, dies seien wunderbare Nachrichten für Jaques und seine tüchtige Frau Wanda, aber warum zickt Letztere plötzlich so herum? Und warum checkt die Schauspielerin Vanessa Steenhagen unter falschem Namen im Hotel Pampelmues ein?
Eine Leiche in Zimmer 223, ein Feueralarm und zwei vertauschte Koffer führen zu weiterer Verwirrung in diesem undurchsichtigen Fall.

Krimiparty Sonderausgabe 7: Bayern-Spezial mit 2 Fällen. Beide Kriminalfälle sind unabhängig voneinander spielbar.
ISBN: 978-3-945725-45-0, 11,95 €

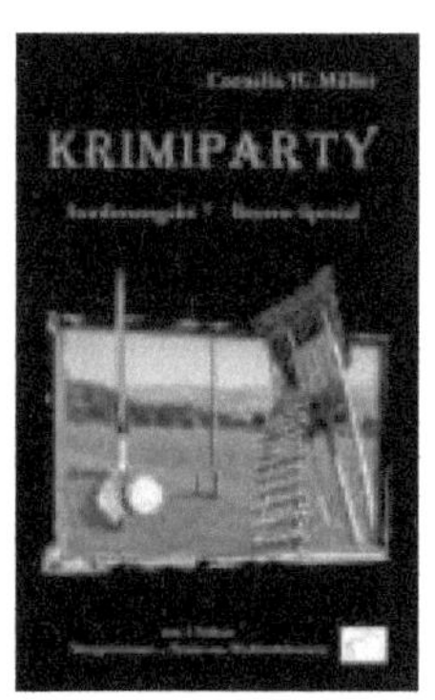

1: **MorgenGrauen** (Sonderausgabe 4) Der Brauereibesitzer Konrad Weiblinger wird bei einem Jagdunfall im Wulfrathshausener Forst tödlich verletzt. Schnell steht fest, dass die Theorie eines Unfalls nicht aufrechterhalten werden kann. Aber wer hatte ein Motiv, den Unternehmer aus dem Weg zu räumen?
2: **Neues aus Wulfrathshausen** (Sonderausgabe 10) Ganz Wulfrathshausen fiebert der Eröffnung des neuen Golfplatzes entgegen! Im Ort selbst trifft derweil der neue Pfarrer ein und überrascht die Dorfgemeinschaft ebenso mit seiner unkonventionellen Arbeitsweise wie mit Fragen zur Vergangenheit. Ein Journalist aus Berlin, verschiedene DNA-Analysen und ein Drama auf der Driving-Range sind einige der Zutaten zu diesem Fortsetzungs-Krimi von “MorgenGrauen.”

Krimiparty Sonderausgabe 8: Der fast perfekte Mord
Ein Sylt-Krimi
ISBN: 978-3-945725-84-9, 7,95€

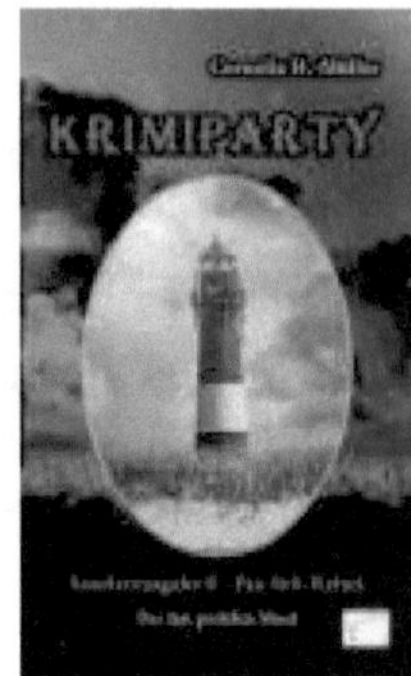

Auch ein so traumhafter Ort wie die wunder- schöne Insel Sylt ist vor Verbrechen nicht gefeit. Kommissar Ludger Hansen hat in diesem Mitspielkrimi den Mord an einem Finanzbeamten aufzuklären.
Beinahe zeitgleich zu dem Verbrechen gab es am Strand von Hörnum einen seltsamen Unfall mit einem Schwerverletzten.
Hängen beide Fälle zusammen oder ist dies einfach nur Zufall?

Krimiparty Sonderausgabe 9: Die Wette
ISBN: 978-3-945725-98-6, 7,95€

Lord Ashtenburry musste sein Anwesen, das altehrwürdige Linley-Castle, veräußern. Der neue Besitzer, ein texanischer Ölmilliardär, lädt die Ashtenburrys und weitere Gäste auf das Schloss ein. Keine leichten Zeiten für den gleich mit erworbenen Butler des Hauses. Trotzdem spricht alles für einen launigen Abend, bis es zu einer geradezu aberwitzigen Wette kommt. Noch vor Mitternacht gibt es eine Leiche und Inspector Hannibal Winter wird es nicht einfach haben, den Mord aufzuklären. Kommen Sie mit auf das schottische Schloss und versuchen Sie, den Fall mit Ihrem Ermittlerteam zu entwirren!

Murder Mystery Party 1: The Bet

ISBN: 978-3-96174-000-0

€ 9,95, USD: 13,95, GBP: 10,95

Translated from German to English by Annette Oppenlander, Bloomington, Indiana, USA

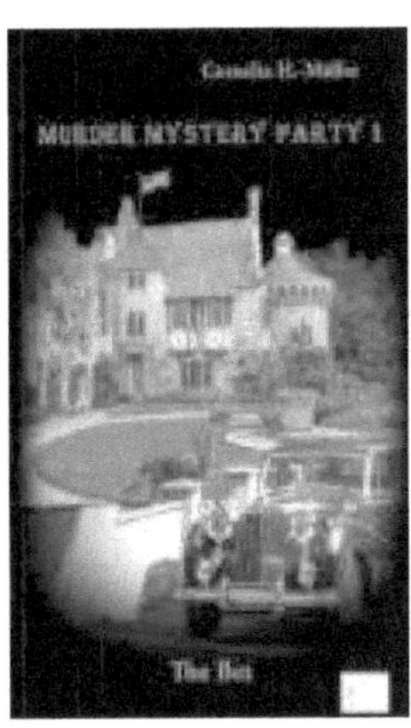

Lord Ashtenburry had to sell his manor, the venerable Linley Castle. The new owner, a Texan oil billionaire, invites the Ashtenburrys and other guests to the castle. Trying times for the butler who was included in the purchase. Nonetheless, everything appears to point to a jolly evening until a downright outrageous bet is placed. It is not even midnight when a dead body is discovered and Inspector Hannibal Winter will not have an easy time to resolve the murder. Come along to the Scottish castle and, together with your investigation team, try to solve the case! As always, this book is linked to the Internet. Find all necessary accessories here for download and printing.

Krimiparty Sonderausgabe 10: Neues aus Wulfrathshausen

Ein Krimi nicht nur für Golfer!

ISBN: 978-3-96174-002-4, € 7,95

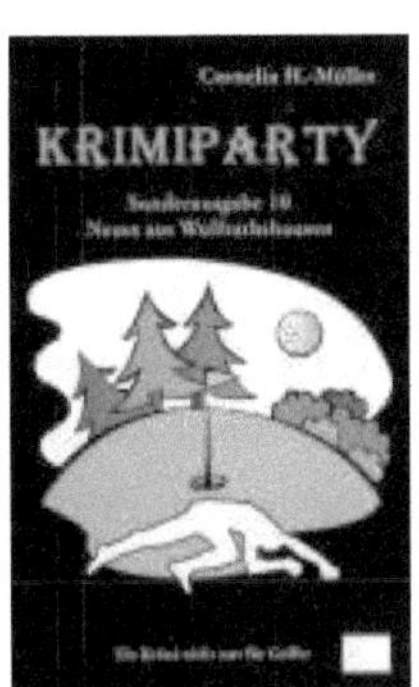

Endlich ist es soweit!

Wulfrathshausen, ein kleiner Ort in Oberbayern bekommt nach langer Planungs- und Bauphase einen eigenen Golfplatz. Der Investor und Bauherr Xaver Moosgruber kann es kaum erwarten, diesen seiner Bestimmung zu übergeben. Im Ort selbst trifft derweil der neue Pfarrer ein und überrascht die Dorfgemeinschaft ebenso mit seiner unkonventionellen Arbeits- weise wie mit Fragen zur Vergangenheit.

Ein Journalist aus Berlin, verschiedene DNA-Analysen und ein Drama auf der Driving-Range sind einige der Zutaten zu diesem Krimi aus Oberbayern.

Krimiparty Sonderausgabe 11: Familien*Bande*
Ein Eifelkrimi
ISBN: 978-3-96174-021-5, € 7,95

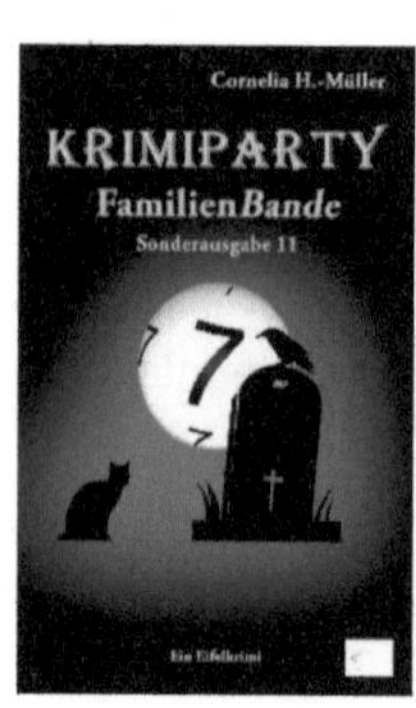

Haben Sie schon vom tragischen Ende des Jagdaufsehers Willi Schmitz gehört? Er fiel unglücklich vom Hochstand und brach sich offensichtlich das Genick. Und ob dies nicht genug Kummer für seine Frau wäre, wird in der Nacht nach diesem Unglück auch noch ins Haus des Verstorbenen eingebrochen.
Gestohlen wurde nichts, aber alles durchwühlt.
Wen oder was haben die Einbrecher gesucht? Und ist Willi tatsächlich verunglückt oder wurde nachgeholfen? Die Gerüchteküche in der Eifel brodelt jedenfalls, wie früher die Vulkane in der sanft geschwungenen Hügellandschaft. Vielleicht können Sie ja etwas Licht in die mysteriösen Vorkommnisse im beschaulichen Eifelort Ebersbach bringen.

Krimiparty Sonderausgabe 12: Schatten der Vergangenheit
Ein Kreuzfahrtkrimi
ISBN: 978-3-96174-025-3, 7,95 €

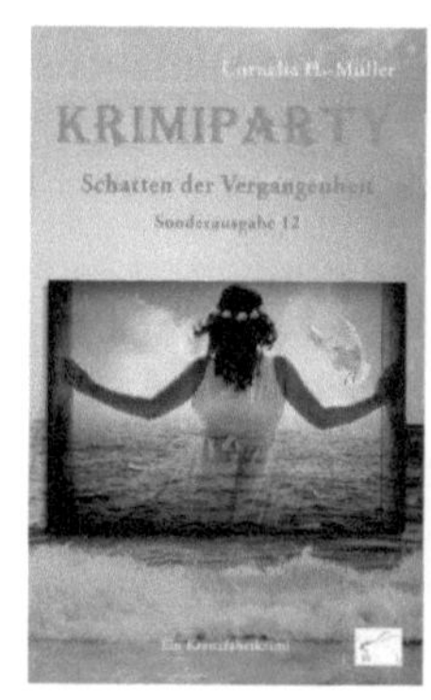

Eine junge Frau geht kurz vor ihrem 5. Hochzeitstag trotz ruhiger See über Bord des Luxus-Kreuzliners Bavaria II, ein Toter taucht am Katharinenpalast in Puschkin angeblich wieder auf und ein Erbvertrag mit vielen Klauseln sorgt für Verwirrung bei den Hinterbliebenen! Wird es Ihnen gelingen, die Hintergründe zu durchleuchten und die Todesfälle aufzuklären?

Krimiparty Sonderausgabe 13: Ötzi - oder das schwarze Schaf

Mitspielkrimi aus Bayern

ISBN: 978-3-96174-042-0, 7,95€

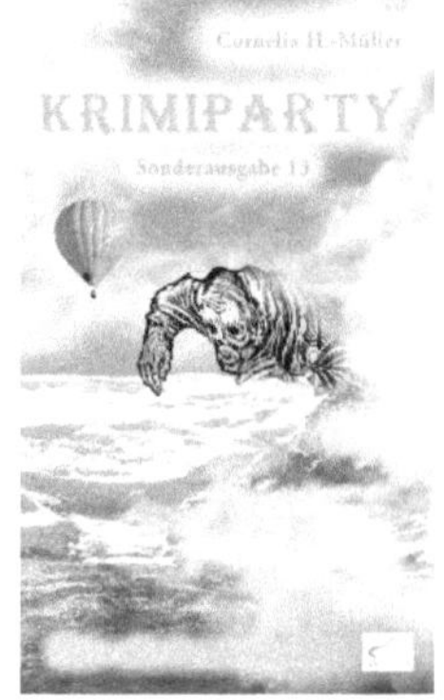

Bürgermeister Xaver Moosgruber ist begeistert:
Auf dem Ferntaler, einem Gletscher oberhalb von Wulfrathshausen, wurde eine Eismumie entdeckt. Während Xaver bereits Pläne zur Vermarktung des Ötzis von Wulfrathshausen schmiedet, muss sich Kommissar Schickerl mit dem verwirrenden Obduktionsergebnis des Toten auseinandersetzen. Der plötzliche Tod einer älteren Dame im nahen Kloster Allerried sorgt kurz darauf für weitere Aufregung und Unruhe im beschaulichen Dorf in Oberbayern. Gibt es einen Zusammenhang zwischen dem Toten vom Gletscher und der Pensionärin im Kloster?
Wird es Ihnen gelingen, die Hintergründe zu durchleuchten und die Todesfälle aufzuklären?

Krimiparty Kids

Anders als bei der beliebten Krimiparty-Reihe geht es bei Krimiparty Kids nicht um Mord. Daher sind diese Ermittlungen auch für ein jüngeres Publikum bestens geeignet.

Krimiparty Kids Band 1: Kunstraub in New York

ISBN: 978-3-945725-25-2, 7,95 €

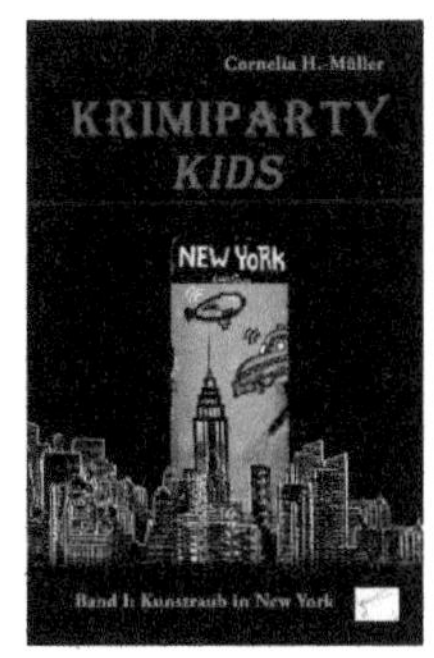

Der Künstler Harm Airbrush wittert die Chance seines Lebens, als eine New Yorker Galeristin völlig überraschend einen Besuch in seinem Hamburger Atelier ankündigt.
Sie ist allerdings nur an einem einzigen Bild interessiert und dieses verschwindet wenig später auf rätselhafte Weise. Die Ermittlungen führen unsere Mitspieler bis nach New York.
Werden sie den Kunstdieb entlarven können?

Krimiparty Kids Band 2: Was für ein Zirkus

ISBN: 978-3-96174-034-5, 7,95 €

Im Zirkus Haberlein herrscht große Aufregung. Cesar, der Löwe von Dompteur Ivan Iwanolow, ist aus seinem Käfig entkommen.

Während ein Großaufgebot von Polizei und Feuerwehr nach der Wildkatze sucht, nimmt der Fall plötzlich eine unerwartete Wendung.

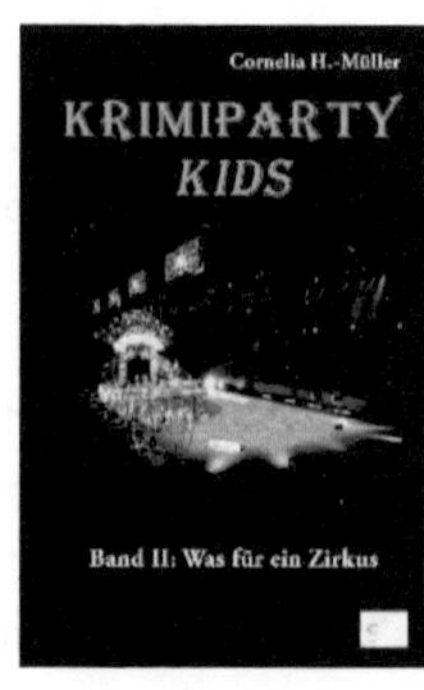

Krimiparty Kids 3: Hindernisse

Ein Mitspielkrimi für Pferdefreunde

ISBN: 978-3-96174-046-8, 7,95 €

Auf dem Pferdehof Weingärtner findet wie in jedem Jahr ein viel beachtetes Springturnier statt.

Bea und Julia, zwei begabte und ehrgeizige Schülerinnen von Reitlehrer Chris, wetteifern um den Start auf Cheyenne, einer sehr talentierten Hannoveraner Stute. Einige Tage vor dem Turnier wird das wertvolle Tier jedoch entführt. Wer hat Interesse daran, das Pferd zu stehlen und vor allem warum?

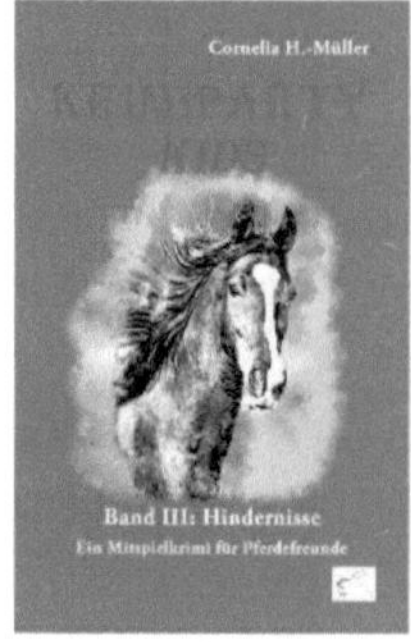

Alle Bücher sind überall im Buchhandel erhältlich oder auch unter: www.verlag-epv.de zu bestellen.